Geschenke aus dem Obstgarten

Selbst gemacht – kreativ verpackt

MARKUS HUMMEL

blv

Inhalt

Vorwort

Ich freue mich, in diesem Buch eine kleine Auswahl meiner liebsten Obstrezepte präsentieren zu können: frische, selbstgemachte Konfitüren, kleine Kuchen, Liköre, Sirups, Chutneys und vieles mehr. Obst in allen Formen und Farben. Süß und herzhaft. Und dazu immer eine passende Verpackungsidee. Damit werden eure Leckereien erst richtig gut in Szene gesetzt.

Es ist bunt und köstlich: Obst. Ob aus dem eigenen Garten oder frisch vom Markt. Die heimischen Obstgärten bieten eine unglaubliche Vielfalt an süßen und säuerlichen Früchten und somit eine reiche Palette an Zutaten für Geschenke aus dem Obstgarten. Als Kind habe ich es geliebt, kleine Beeren direkt vom Strauch zu naschen oder beim Spazierengehen einen Apfel vom Baum zu pflücken. Dem fruchtigen Genuss kann man einfach nicht widerstehen. Durch meinen Blog backbube.com habe ich mir bereits eine große Erfahrung im Umgang mit Obst angeeignet und daran möchte ich euch auf den folgenden Seiten teilhaben lassen.

Neben all den leckeren Rezepten habe ich auch eine kleine Einleitung für euch zusammengestellt mit hilfreichen Tipps zur richtigen Lagerung, zum Einkochen und Einfrieren von Obst. Bei nahezu allen Rezepten könnt ihr das verwendete Obst übrigens beliebig variieren und eurer Kreativität freien Lauf lassen. Viel Spaß dabei!

Euer Markus Hummel

Einleitung

Im folgenden Abschnitt möchte ich euch ein paar Tipps zum richtigen Umgang mit Obst geben. Wie lagert man es richtig? Was ist beim Einfrieren zu beachten? Worauf sollte man beim Kauf besonders aufpassen? Und dazu noch ein paar Tipps zum richtigen Sterilisieren der Gläser und Flaschen und zur Dekoration.

Der Einkauf

Wenn man mit Obst backen oder kochen möchte, sollte man stets darauf achten, dass es frisch ist und am besten auch noch aus der Region oder dem eigenen Garten stammt. Eine Ausnahme: exotische Früchte. Wenn ihr keinen eigenen Obstgarten besitzt oder exotische Früchte benötigt, dann bleibt euch oft nichts anderes übrig, als das Obst zu kaufen. Und wo geht das am besten? Auf dem Markt. Dort bekommt man eine große Auswahl an saisonalem, selbst angebautem Obst. Auch immer mehr Supermärkte bieten Früchte von regionalen Erzeugern an.

Verzichtet, wenn möglich, auf den Kauf von außersaisonaler Ware; lasst zum Beispiel die Erdbeeren im Dezember einfach im Regal stehen. Diese werden bei Weitem nicht das Aroma entfalten, das sie im Juni oder Juli haben. Wenn ihr dennoch im Winter eine Erdbeermarmelade genießen wollt, dann greift entweder auf tiefgefrorene Früchte aus dem Supermarkt zurück oder friert einfach selbst im Sommer Früchte für die obstlosen Monate ein.

Achtet beim Kauf auch darauf, dass das Obst nicht überreif ist oder Schimmel aufweist. Selbst wenn nur eine Beere in der Schale offensichtlich mit Schimmel befallen ist, können alle anderen bereits mit nicht sichtbaren Sporen belastet sein. Kauft, wenn möglich, kein bereits geschnittenes Obst; dies ist oft von Bakterien befallen und hat bereits viel von seinem Aroma verloren.

Die richtige Lagerung

Um möglichst lange in den Genuss des vollen Aromas eurer Obstsorten zu kommen, ist es wichtig, die verschiedenen Sorten richtig zu lagern. Es kommt vor allem auf die richtige Temperatur und Luftfeuchtigkeit an. Hier ein paar Tipps:
- Äpfel und Birnen verbrauchen nach und nach ihre enthaltenen Wasserreserven und werden daher schrumpelig. In Räumen mit hoher Luftfeuchtigkeit (z. B. Kellerräume) halten diese Früchte jedoch viele Monate.
- Äpfel, Birnen, Aprikosen und Bananen sollten immer separat von anderem Obst gelagert werden, da diese Sorten das Pflanzenhormon »Ethylen« freisetzen, das anderes Obst schneller verderben lässt. Ethylen kann man aber auch nutzen: Legt man zum Beispiel eine Banane neben

Unten: Die richtige Lagerung ist bei Obst das A und O. Beeren sind generell sehr empfindlich und sollten schnell verbraucht werden.

9

einen unreifen Apfel, beschleunigt das Hormon den natürlichen Reifungs-
prozess des Apfels.

● Exotische Früchte wie Mangos, Bananen oder Papayas gehören NICHT
in den Kühlschrank. Südfrüchte sollten generell bei circa 13 bis 15 Grad
gelagert werden. Überlegt euch einfach, aus welchen Klimazonen die
Obstsorten stammen, und lagert sie entsprechend: deutsches Obst eher
kühl und exotische Früchte eher warm.

● Beeren sind generell sehr empfindlich. Diese lagert ihr am besten abgedeckt im Kühlschrank und verbraucht sie innerhalb von ein bis zwei
Tagen. Wenn man die Beeren nicht vor dem Verzehr berührt, bildet sich
auch nicht so schnell Schimmel.

● Reife Orangen können ohne Bedenken im Kühlschrank aufbewahrt werden. Sind sie jedoch noch nicht reif, sollte man sie vor Kälte bewahren.

Trotz all der Tipps zur richtigen Lagerung empfehle ich, das Obst nicht
allzu lange aufzubewahren, sondern am besten frisch zu verzehren.
Natürlich könnt ihr Obst auch einfrieren, doch auch dabei gilt es einiges
zu beachten:

Richtiges Einfrieren

● Die meisten Südfrüchte eignen sich nicht zum Einfrieren; es sei denn,
sie werden vorher püriert.

● Erdbeeren sollten vor dem Einfrieren ebenfalls püriert werden, da ganze
Früchte nach dem Auftauen wässrig werden. Das Pürieren von stark
wasserhaltigen Früchten ist generell eine gute Idee, um sie einzufrieren.

● Steinobst, wie Aprikosen, Nektarinen oder Zwetschgen, sollten vor dem
Einfrieren immer entsteint werden.

● Um ein Zusammenklumpen der eingefrorenen Früchte zu verhindern,
sollten diese vor dem Einfrieren lauwarm abgebraust, dann mit einem
Küchentuch vorsichtig abgetrocknet und zwei Stunden vorgefrostet
werden. Dazu einfach das Obst in einer Schüssel ins Kühlfach stellen.
Danach in einen Gefrierbeutel umfüllen und gut verschließen. So bleibt
das Obst gut ein Jahr haltbar.

Unten: Südfrüchte sollte man
nicht einfrieren. Hier wurden
Zitronenscheiben vor dem
Verschenken kandiert.

Marmelade & Konfitüre einkochen

Oft fragt man sich: Was ist der Unterschied zwischen Marmelade und Konfitüre? Marmelade wird ausschließlich aus Zitrusfrüchten hergestellt, Konfitüre aus allen anderen Fruchtsorten. Beim Einkochen ist stets darauf zu achten, dass besonders süßen Früchten, wie zum Beispiel Erdbeeren oder Aprikosen, immer ein säuerlicher Gegenpart beigemischt wird; am besten ein paar Spritzer Zitronensaft.

Links: Bestimmt selbst, welche Obstsorten ihr für Marmelade oder Konfitüre kombinieren wollt.

Bei Früchten, die nach dem Pürieren sehr dickflüssig sind, wie zum Beispiel Mangos, Bananen oder Zwetschgen, empfiehlt sich das Hinzufügen von Fruchtsäften, da diese Konfitüre sonst sehr leicht anbrennt. Generell kann man für Konfitüre beliebig viele Fruchtsorten miteinander mischen. Melonen eignen sich jedoch nicht so gut für Konfitüre, da sie einen sehr starken Eigengeschmack haben und oft das Aroma aller anderen Früchte überdecken. Außerdem ist Melone extrem süß.

Rechts: Ein wunderbares und vor allen Dingen individuelles Gastgeschenk.

Rechte Seite: Bei der Dekoration sind der Fantasie keine Grenzen gesetzt.

Bei der Wahl des Gelierzuckers sollte man darauf achten, wie süß die Früchte sind. Bei besonders süßem Obst empfiehlt sich ein Gelierzucker 1:1 (1 Teil Obst, 1 Teil Zucker), bei eher säuerlichem Obst dagegen sollte man das Verhältnis 1:3 verwenden (1 Teil Obst, 3 Teile Zucker).

Sterilisieren der Gläser & Flaschen

Ich benutze immer sterilisierte Twist-Off-Gläser zum Einmachen. Diese sind meiner Meinung nach am geeignetsten für Konfitüre und Co. Am besten bekommt man die Gläser durch Auskochen steril: Dazu einfach Gläser und Deckel zehn Minuten in einem Topf mit heißem Wasser auskochen; anschließend mit einer Zange herausnehmen und kopfüber auf einem Küchentuch abtropfen lassen. Dann möglichst zügig befüllen, den Deckel daraufschrauben und zehn Minuten auf den Kopf stellen. Steigen Luftbläschen im Glas auf, ist der Deckel nicht dicht und sollte nicht mehr verwendet werden. Gläser mit Kunststoffdeckel oder Pappeinsätzen (wie zum Beispiel bei Nuss-Nougat-Creme) eignen sich übrigens nicht zum Einmachen.

Mit Flaschen verfahre ich genauso. Ich fülle sie mit Wasser, lege sie in den Topf und bringe dann das Wasser zum Kochen. Vorsicht! Die Gläser und Flaschen werden sehr heiß – immer mit einer Zange oder einem Handschuh anfassen.

Dekoration

Für die Dekoration verwende ich oft Dinge, die ich bereits zu Hause habe: leere Gläser, Körbchen, Bänder, Farben. Oft finde ich aber auch auf Flohmärkten oder im Internet schöne Geschenkverpackungen. Meist kann man sogar aus Dingen, die man eigentlich wegwerfen wollte, noch eine tolle Verpackung zaubern, zum Beispiel aus alten Konservendosen, die man mit Tafellack oder Acrylfarben bemalt. Weiter hinten im Buch findet ihr eine Auswahl an tollen Onlineshops, bei denen ihr außergewöhnliche Gläser, Dekomaterial und Stempel erhaltet.

Tutti Frutti

Ich finde es großartig, Konfituren selbst zu machen, denn so kann man selbst bestimmen, welche Früchte und welche besonderen Zutaten man mit hineinrührt. Wenn man das Obst vor sich hin köcheln lässt und der fruchtige Duft durch die Wohnung zieht, dann freut man sich schon darauf, die feine Konfitüre auf dem Frühstücksbrot genießen zu können.

Erdbeer Passionsfrucht

Erdbeer-Passionsfrucht-Konfitüre

Fruchtig, exotisch – ein Traum

Frische, leuchtend rote Erdbeeren treffen auf exotische Passionsfrucht.
Dazu noch ein paar Gewürze und fertig ist eine völlig neue Art
der Erdbeermarmelade. Auch als Topping für Cupcakes geeignet.

1 Die Erdbeeren putzen, waschen und die Hälfte fein pürieren. Die andere
Hälfte klein schneiden.

2 Erdbeermus, Passionsfruchtfleisch, Limettensaft, klein geschnittene Erdbeeren, Pfeffer und Kardamom in einen hohen Topf füllen und vermischen.

3 Den Gelierzucker mit dem Gelierfix mischen und mit der Erdbeermasse
verrühren.

4 Erdbeermasse aufkochen, unter Rühren 4 Minuten sprudelnd kochen
lassen.

5 Gelierprobe machen, die Konfitüre randvoll in sterile Gläser füllen, verschließen und circa 10 Minuten auf den Kopf stellen. Ungeöffnet ist die
Konfitüre etwa 1 Jahr haltbar.

Deko-Idee: Einen Kreis aus Seidenpapier ausschneiden, über den
Deckel legen und mit buntem Küchengarn befestigen. Aus dem gleichen
Garn ein Herz legen und mit einem Klebestift auf den Deckel kleben.
Aus Transparentpapier 2 Streifen schneiden, beschriften und an das Glas
binden.

Zutaten

4 Gläser à 250 ml

850 g frische Erdbeeren

150 g Passionsfruchtfleisch

Saft von 1 Bio-Limette

1 EL Pfeffer, rot

2 Msp. gemahlener Kardamom

500 g Gelierzucker (2:1)

1 Pck. Gelierfix (2:1)

Material zum Verpacken

Einmachgläser, Seidenpapier, Garn,
transparentes Papier

Nektarinen-Prosecco-Konfitüre

Frisch, fruchtig und mit Schuss

Zutaten

3 Gläser à 650 ml

1,3 kg Nektarinen

375 ml Prosecco

500 g Gelierzucker (3:1)

Material zum Verpacken

Einmachgläser, Papiertüten, Buchstabenstempel, Stempelkissen, Garn, Stoffreste, Geschenkanhänger, Paketschnur, Proseccoflasche

Obwohl Nektarinen in Deutschland nicht ganz so gut gedeihen wie zum Beispiel in Griechenland, Spanien oder Italien, muss ich euch dieses Rezept einfach vorstellen. Es ist eines meiner liebsten.

1 Die Nektarinen waschen, entsteinen und in kleine Würfel schneiden. 1 kg abwiegen.

2 Die Früchte zusammen mit dem Prosecco in einen Topf geben und mit dem Gelierzucker verrühren.

3 Unter Rühren aufkochen und mindestens 3 Minuten sprudelnd kochen. Dabei immer umrühren, da die Konfitüre sonst anbrennt.

4 Sofort randvoll in sterile, kleine Gläser füllen und verschließen. Auf den Kopf stellen und nach circa 10 Minuten wieder umdrehen.

Deko-Idee:

Die Stoffreste in kleine Vierecke schneiden und mit Bast auf den Deckeln der Gläser befestigen. Die Papiertüten mit dem Namen der Konfitüre bestempeln und die Gläser darin verpacken. Mit Garn verschließen, einen bestempelten Geschenkanhänger anbringen und mit Paketschnur an eine Proseccoflasche binden.

Nektarinen
Prosecco
Konfitüre

Quality –
Original Homemade
20 3 by MVE

Eingelegte Birnen

Ein süßer Traum zu Milchreis & Co.

Zutaten

In meiner Vorratskammer stehen immer mehrere Gläser dieser eingemach-ten Birnen. Am liebsten esse ich sie pur, direkt aus dem Glas. Aber auch zu Milchreis, Grießbrei oder zu Wildgerichten schmecken sie einfach herrlich.

2 Gläser à 1 l

2 Bio-Zitronen

1,5 kg feste kleine Birnen

2 Vanilleschoten

500 ml trockener Weißwein

250 g Zucker

Material zum Verpacken

2 kleine Tiere aus Gummi oder Plastik (z. B. von »Schleich«), 2 Gläser mit weißem Deckel, weiße Acrylfarbe (matt), Spitzenband, Naturgarn

1 Eine Zitrone auspressen. In einer Schüssel 1 Liter Wasser und den Zitronensaft mischen.

2 Die Birnen schälen. Die Stiele dranlassen und die Kerngehäuse von unten mit einem Apfelausstecher ausstechen. Jede Birne sofort nach dem Schälen in das Zitronenwasser legen.

3 Für den Sirup die zweite Zitrone auspressen. Die Vanilleschoten der Länge nach aufschneiden.

4 Den Wein zusammen mit 500 ml Wasser, Zitronensaft und Zucker in einem kleinen Topf aufkochen. Die Birnen nacheinander im Zuckerwas-ser kurz pochieren, herausnehmen und sofort in die vorbereiteten Gläser geben. Die Vanilleschoten gleichmäßig auf die Gläser verteilen.

5 Das Zuckerwasser bei großer Hitze sirupartig einkochen und die Gläser mit den Birnen randvoll damit auffüllen. Sofort fest verschließen.

Deko-Idee: Die Tiere mit der Heißklebepistole auf den Deckeln ankleben. Nur ganz wenig Kleber benutzen, damit er an den Rändern nicht herausdrückt. Nun die Tiere mit weißer Acrylfarbe komplett bemalen und trocknen lassen. Die Deckel anschließend mit Spitzenband und Naturgarn verzieren.

Mirabellen-Heidelbeer-Konfitüre

Holt euch die Südsee nach Hause

Wenn im Sommer die Sonne vom Himmel brennt und man es sich im Schatten auf der Terrasse gemütlich macht, dann fehlen oft nur noch die Palmen und der Strand zum vollkommenen Glück – und diese Konfitüre.

1 Die Mirabellen und die Heidelbeeren in einem hohen Topf pürieren.

2 Den Gelierzucker hinzufügen und nochmals pürieren.

3 Unter Rühren aufkochen und 4 bis 5 Minuten sprudelnd kochen lassen. Dabei immer wieder umrühren.

4 Gelierprobe machen und anschließend die Kokosraspeln mit einrühren.

5 Randvoll in Gläser füllen, verschließen und 10 Minuten auf dem Kopf stehen lassen. Dann umdrehen und vollständig auskühlen lassen.

Zutaten

4 Gläser à 250 ml

500 g Mirabellen, entsteint

500 g Heidelbeeren

500 g Gelierzucker (2:1)

5 EL Kokosraspeln

Material zum Verpacken

Einmachgläser, Kokosnuss, Stoffserviette, Rundkopfklammer, bunte Bänder

Deko-Idee:
Eine Kokosnuss halbieren, das Fruchtfleisch entfernen und beide Hälften gründlich reinigen. Den Deckel eines Glases Konfitüre mit einer bunten Stoffserviette bedecken und diese mit einer Schleife festbinden. Die Schleife mit einer Rundkopfklammer (gibt's im Schreibwarenladen) schließen und in eine der Kokosnusshälften legen. Dann die Kokosnuss wieder schließen, indem man die zweite Hälfte obendrauf legt und mit einem Band zubindet.

Aprikosen-Apfel-Grütze

Macht süchtig!

Zutaten

4 Gläser à 250 ml

360 g Äpfel

Etwas Zitronensaft

370 g Aprikosen

150 ml Orangensaft

Mark einer Vanilleschote

250 g Gelierzucker (2:1)

Material zum Verpacken

Einmachgläser, Holzkörbchen, Acrylfarbe, Holzspieß, Fotokarton

Wer schon einmal in Südtirol war, der weiß: Dort gibt es wunderbare Aprikosen bzw. Marillen. Wenn ihr dort Urlaub macht, dann solltet ihr auf jeden Fall ein paar davon mit nach Hause nehmen und diese leckere Grütze daraus zubereiten. Aber Achtung: Suchtgefahr!

1 Äpfel waschen, schälen und die Kerngehäuse entfernen. In kleine Würfel schneiden. 350 g abwiegen und mit Zitronensaft beträufeln.

2 Aprikosen waschen und entkernen. Ebenfalls in kleine Würfel schneiden und 350 g abwiegen.

3 Die Früchte mit dem Orangensaft, dem Vanillemark und dem Gelierzucker in einem Kochtopf verrühren und unter starker Hitze und ständigem Rühren aufkochen. 3 Minuten sprudelnd kochen, dabei immer umrühren. Kompott gegebenenfalls abschäumen und randvoll in kleine, sterile Twist-Off-Gläser füllen. Verschließen und etwa 10 Minuten auf dem Kopf stehen lassen.

Deko-Idee:

Ein kleines Holzkörbchen mit Acrylfarbe bemalen. Das Glas in das Körbchen stellen, mit frischen Aprikosen auffüllen. Einen Kreis aus einem festen Fotokarton ausschneiden und den Mittelpunkt markieren. Dann mit einer Schere einen Schnitt bis zu diesem Mittelpunkt machen und den Karton am Schnitt leicht überlappend zusammenkleben. Einen Holzspieß durch dieses Schirmchen stecken und mit Klebstoff befestigen. Dann das Schirmchen in den Korb stecken.

Grüne Grütze

Einfach mal »grün« genießen

Zutaten

ca. 1,2 l

300 g Rhabarber

3 Kiwis

500 g grüne Stachelbeeren

1 Vanilleschote

80 g Zucker

300 ml Apfelsaft

2 EL Speisestärke

Material zum Verpacken

Einmachgläser, Spankörbchen, kariertes Band, Stachelbeeren

Rote Grütze kennt jeder, grüne Grütze jedoch kaum jemand. Dabei schmeckt sie so gut. Ich habe diese Grütze zum ersten Mal in Spanien probiert. Hier ist nun mein eigenes Rezept.

1 Rhabarber und Kiwis schälen und in kleine Stücke schneiden. Stachelbeeren waschen, putzen und in einem Sieb abtropfen lassen. Vanilleschote längs halbieren und das Mark herauskratzen.

2 Die Stachelbeeren zusammen mit dem Rhabarber und den Kiwis in einen Topf geben, mit Zucker, Apfelsaft, Vanilleschote und -mark mischen und unter Rühren aufkochen. Den Topf vom Herd nehmen. Die Stärke mit 2 EL kaltem Wasser glattrühren und unter Rühren zur Fruchtmasse geben. Weitere 2 bis 3 Minuten köcheln lassen.

3 Die Vanilleschote herausnehmen und die Grütze in schöne Schraubgläser (z. B. Mason-Gläser) füllen.

Deko-Idee:
Ein Glas der Grütze in ein kleines Holzkörbchen stellen, das Körbchen mit Stachelbeeren auffüllen und mit einer Schleife umbinden.

schwarzes Johannisbeer-
Espresso-Gelee

Schwarzes Johannisbeer-Espresso-Gelee

Ein geschmackliches Highlight

Jeder mag sie, die kleinen, roten Johannisbeeren. Doch die schwarze Variante kennt wenig Liebhaber – leider, denn in den kleinen Beeren steckt so viel Gutes. Dieses außergewöhnliche Gelee wird es euch beweisen.

1 Johannisbeeren waschen und von den Rispen lösen. Mit 100 ml Wasser zum Kochen bringen und so lange kochen, bis alle Beeren aufgeplatzt sind (circa 5 bis 7 Minuten).

2 Ein Sieb auf einer Schüssel platzieren, mit einem Tuch auslegen (Mull-/Safttuch), den Topfinhalt hineingießen und über Nacht abtropfen lassen. Am nächsten Tag das Tuch oben zudrehen und alles gut auspressen.

3 500 ml Saft abmessen und mit dem Gelierzucker in einem Topf vermengen, dann den Espresso dazugeben und alles unter Rühren aufkochen. 4 Minuten sprudelnd kochen, dabei immer wieder umrühren.

4 Sofort danach in sterile Gläser füllen und fest verschließen. 10 Minuten auf dem Kopf stehen lassen, umdrehen und komplett abkühlen lassen.

Deko-Idee:

Ein Muffinförmchen verkehrt herum auf den Deckel des Gelees setzen und mit Garn festbinden. Aus transparentem Papier kleine Fähnchen ausschneiden und beschriften. Diese mit Masking Tape an dem Holzstäbchen befestigen. Die Weckgläser zur Hälfte mit Kaffeebohnen füllen, ein Glas Gelee mit hineinstellen und die Fähnchen hineinstecken.

Zutaten

4 Gläser à 200 ml

750 g schwarze Johannisbeeren

660 g Gelierzucker (1:1)

2 EL Espresso, aufgebrüht, abgekühlt

Material zum Verpacken

Einmachgläser, Muffinförmchen, Garn, Kaffeebohnen, leicht transparentes Papier, Masking Tape, Holzstäbchen, größere Weckgläser

Himbeer-Kirsch-Curd

Perfekt zu Scones oder als Füllung von Torten

Zutaten

4 Gläser à 250 ml

750 g Süßkirschen

500 g Himbeeren

450 g Zucker

1 Msp. Salz

120 g kalte Butter, in Würfeln

4 Eier (L)

Material zum Verpacken

Einmachgläser, Masking Tape, Packpapier, Holzlöffel

Seit einiger Zeit werden Curds, eine klassische, englische Creme, immer beliebter. Ich habe eine neue Variante ausprobiert, die perfekt zu Scones passt und als Füllung für Cupcakes und Torten verwendet werden kann.

1 Kirschen waschen und entsteinen, Himbeeren verlesen. Die Früchte mit 2 EL Wasser in einem kleinen Topf aufkochen und circa 15 Minuten bei mittlerer Hitze köcheln lassen, bis die Früchte komplett zerfallen sind.

2 Die Fruchtmasse durch ein Sieb streichen, sodass ein feines Fruchtmus entsteht. 1 kg davon abwiegen.

3 Das Fruchtmus mit Zucker, Salz, Butter und Eiern in eine Metallschüssel geben und über einem heißen, jedoch nicht kochenden Wasserbad so lange aufschlagen, bis sich der Zucker gelöst hat und die Masse andickt. Der Curd sollte langsam vom Löffel tropfen.

4 Die Masse in die vorbereiteten Bügelverschluss-Gläser füllen und diese sofort verschließen. Im Kühlschrank dickt der Curd nochmals nach und ist dort aufbewahrt circa 2 Wochen haltbar.

Deko-Idee:
Die Stiele von kleinen Holzlöffeln mit Masking Tape umwickeln. Das gleiche Tape über den Deckel kleben. Aus Packpapier ein Etikett ausschneiden, beschriften und mit Klebestift über das vordere Ende des Tapes kleben.

Sauerkirsch-Ingwer-Kompott

Fruchtig-frisches Kompott zu Mehlspeisen & Co.

Zutaten

Ein leckeres Kompott kann pur genossen, warm oder kalt serviert werden und es ist das i-Tüpfelchen auf Pfannkuchen, Kaiserschmarrn oder Milchreis. Diesem hier verleiht der Ingwer ein außergewöhnliches Aroma.

4 Gläser à 250 ml

1 Stück Ingwer (4 cm)

1 Bio-Orange

1 Bio-Zitrone

500 ml trockener Rotwein

1 Zimtstange

2 Gewürznelken

Mark einer Vanilleschote

600 g Zucker

1 kg Sauerkirschen

Material zum Verpacken

Einmachgläser, Tortenspitze, Dekoband, Zimtstangen, Stempel

1 Den Ingwer schälen und in hauchdünne Scheiben schneiden.

2 Die Zitrusfrüchte heiß abwaschen, die Schale abreiben und den Saft auspressen.

3 Ingwer, Zitrusschalen und -saft, Wein, Zimt, Nelken, Vanillemark und -schote mit dem Zucker in einen Topf geben, aufkochen und bei mittlerer Hitze circa 5 Minuten köcheln lassen.

4 Kirschen dazugeben und weitere 5 Minuten schwach köcheln lassen.

5 Zimtstange, Vanilleschote und Nelken herausnehmen und den Rest randvoll in vorbereitete, sterile Gläser füllen. Kühl und dunkel lagern.

Deko-Idee:
Durch das Lochmuster einer runden Tortenspitze ein Band fädeln. So kann die Haube über den Deckel gestülpt und einfach zugebunden werden. Dann noch eine Zimtstange befestigen und die Tortenspitze bestempeln.

Zwetschgen-Orangen-Kompott

Köstliches aus Österreich

Ich kann mich noch gut daran erinnern, wann ich solch ein Kompott zum ersten Mal probiert habe: auf einer Hütte in Österreich. Meine Variante passt zu Kaiserschmarrn, Waffeln oder Pfannkuchen.

1 Die Zwetschgen waschen, trocknen und entkernen. Dann halbieren, in kleine Würfel schneiden; anschließend den Zucker dazugeben und alles vermengen.

2 Von 2 Orangen rundherum die Schale inklusive der weißen Haut abschneiden. Dann die Filets herausschneiden. Es darf keine Haut mehr an den Filets sein. Die dritte Orange halbieren und auspressen.

3 Die Zwetschgen zusammen mit dem Zucker in einen kleinen Topf geben, den Orangensaft darübergießen und das Ganze erhitzen. Unter ständigem Rühren circa 10 Minuten köcheln lassen. Dann die Mandeln und die Orangenfilets dazugeben und weitere 5 Minuten köcheln lassen. Dabei ab und zu umrühren. Nicht zu fest rühren, da die Orangenfilets nicht zu sehr auseinander fallen sollen. Das heiße Kompott in kleine Gläser füllen, fest verschließen und kühl lagern.

Deko-Idee:
Platzkarten und Gastgeschenk in einem. In kleine Bügelgläser mit Keramikdeckel füllen. Mit Buchstabenstempeln die Namen der Gäste auf die Deckel stempeln. Mit karierten Bändern schmücken.

Zutaten

ca. 500 ml

600 g Zwetschgen

120 g Zucker

3 Orangen

30 g gehobelte Mandeln

Material zum Verpacken

Einmachgläser, kariertes Band, Buchstabenstempel, Stempelkissen

Süße Sünden

In diesem Kapitel findet ihr zauberhafte kleine Kuchen, Tarte-lettes und andere süße Backwaren. Keine großen Torten, die man schwer verschenken kann, sondern raffinierte Köstlichkeiten, die ihr oft sogar in den Förmchen, in denen sie gebacken werden, verschenken könnt – wie zum Beispiel den leckeren Birnen-Crumble. Damit seid ihr bei jedem Kaffeeklatsch gern gesehen.

Johannisbeerkuchen im Glas

Ein äußerst praktisches Geschenk

Jeder verschenkt gerne Kuchen. Doch oft gibt es eine entscheidende Frage: Wie verpacke ich ihn? Bei dem nun folgenden Rezept ist die Backform gleichzeitig die Verpackung.

1 Den Ofen auf 180 Grad (Umluft) vorheizen. Die Gläser einfetten und mit gemahlenen Mandeln ausstäuben. Die Johannisbeeren waschen und von den Rispen lösen.

2 Das Mehl abwiegen und 1 EL davon mit den Johannisbeeren mischen. Anschließend das übrige Mehl mit dem Backpulver vermischen. Die Butter zusammen mit dem Zucker und Vanillezucker schaumig aufschlagen. Die Eier einzeln unterrühren. Die Buttermilch dazugeben. Das Mehl darüber sieben und mit einem Holzkochlöffel vorsichtig unterheben, bis alle Zutaten gut miteinander vermischt sind. Zuletzt die Haferflocken und die Johannisbeeren vorsichtig unterheben.

3 Die Gläser zur Hälfte mit Teig füllen und dabei darauf achten, dass die Ränder sauber bleiben. Die gefüllten Gläser auf ein Backblech stellen und zusammen mit den Glasdeckeln 30 Minuten backen. Während des Backvorgangs die Gummiringe in kaltes Wasser legen. Nach Ablauf der Backzeit die Gläser mit einem Backhandschuh aus dem Ofen holen, den Gummiring auflegen und die Glasdeckel mit den dazugehörigen Klammern verschließen. Ungeöffnet, kühl und dunkel gelagert halten sie sich bis zu 6 Monate.

Deko-Idee:
Einige Holzgabeln mit dem Stiel bis zur Hälfte in verschiedene Acrylfarben tauchen. Nachdem die Farbe getrocknet ist, werden die Holzgabeln mit einer farblich abgestimmten Schleife am Glas befestigt.

Zutaten

6 Gläser à 250 ml

200 g weiche Butter (+ etwas Butter zum Einfetten)

Gemahlene Mandeln (zum Ausstäuben der Gläser)

350 g frische Johannisbeeren

250 g Mehl

2 TL Backpulver

200 g Zucker

2 EL Vanillezucker

4 Eier

150 g Buttermilch

100 g kernige Haferflocken

Material zum Verpacken

Einmachgläser, bunte Acrylfarben, Holzgabeln, bunte Bänder

Filokörbchen mit Früchten

Vielseitig befüllbar

Eine fantastische Alternative zu Muffins und Cupcakes sind diese Frucht-törtchen im Filoteig. Sie können mit nahezu jedem Obst gefüllt werden und sind einfach in der Herstellung.

Zutaten

ca. 12 Stück

70 g Butter

9 Blätter Filoteig (Kühlregal)

50 g Puderzucker

200 g Walnüsse

400 g griechischer Joghurt

3 EL Honig

Mark einer Vanilleschote

500 g gemischte Beeren oder verschiedene Melonen

Material zum Verpacken

12 kleine Dessertschälchen oder Tassen, Dekogarn, Geschenkanhänger, Stempel

1 Den Ofen auf 200 (Grad Ober-/Unterhitze) vorheizen. Die Butter zerlassen. 3 Filoteigblätter nebeneinander legen, mit Butter bepinseln und mit Puder-zucker bestäuben. Je 1 weiteres Teigblatt auf die bereits vorbereiteten Blätter legen, wieder mit Butter bepinseln und mit Puderzucker bestäuben. Das Ganze noch ein weiteres Mal ausführen. Nun hat man 3 dreilagige Stapel. Diese jeweils in 4 gleich große Teile teilen.

2 12 kleine Tassen leicht ausbuttern und auf ein Backblech stellen. Die dreilagigen Teigquadrate in die Mulden legen und leicht andrücken. Im vor-geheizten Backofen 6 Minuten backen, dann das Blech aus dem Ofen holen, die Filo-Körbchen auf einem Kuchengitter auskühlen lassen.

3 Die Walnüsse hacken und in den Körbchen verteilen (die Böden sollten komplett bedeckt sein. Das Joghurt mit dem Honig und dem Vanillemark verrühren und ein paar EL davon in die Körbchen füllen. Entweder verschie-dene Beeren waschen, putzen und auf dem Joghurt verteilen oder mit einem Kugelausstecher kleine Kugeln aus verschiedenen Melonen ausstechen und diese auf dem Joghurt verteilen.

Deko-Idee:
Erst kurz vor dem Verschenken das Joghurt und die Früchte einfüllen. Die Törtchen in Tassen oder Dessertschälchen backen und diese gleich als Geschenkverpackung verwenden. Dazu nach dem Abkühlen bestempelte Geschenkanhänger an die Henkel binden.

Feine Apfel-Heidelbeer-Küchlein

Ein köstlich-zarter Genuss

Zutaten

ca. 12–16 Stück

125 g Butter

750 g Äpfel

Etwas Zitronensaft

200 g Heidelbeeren

125 g Zucker

1 Pck. Vanillezucker

1 Prise Salz

1 EL abgeriebene Schale einer Bio-Zitrone

3 Eier (M)

200 g Weizenmehl

2 TL Backpulver

2 EL Milch

Aprikosenkonfitüre

Material zum Verpacken

Cupcake-Cups, Tortenspitze, Einweg-Holzschälchen, Acryllack, Schleifenband

Die Idee für dieses Rezept stammt von einem Rezept meiner Mutter. Ihr feiner Apfelkuchen ist das Vorbild für diese Küchlein. Wenn ihr die Kleinen schön fluffig haben wollt, solltet ihr den Tipp mit den Eiern befolgen.

1 Eine Springform (28 cm) fetten. Backofen auf 190 Grad (Umluft 170 Grad) vorheizen. Äpfel schälen, entkernen und in kleine Würfel schneiden, mit dem Saft einer Zitronen beträufeln und beiseitestellen. Heidelbeeren waschen und in einem Sieb gut abtropfen lassen.

2 Butter geschmeidig aufschlagen. Zucker, Vanillezucker, Salz und Zitronenschale unterrühren, bis sich alles gut verbunden hat. Tipp: Jedes Ei mindestens 1 Minute einzeln einrühren. Das Mehl mit dem Backpulver mischen, sieben und abwechselnd mit der Milch unter den Teig rühren. Der Teig darf nicht zu weich sein; er sollte schwer reißend vom Löffel fallen. Lieber etwas weniger Milch verwenden.

3 Kleine Cupcake-Cups bis zur Hälfte mit dem Teig füllen, Äpfel darauf geben und zum Schluss die Heidelbeeren darüber verteilen. 25 Minuten im Ofen backen. Herausnehmen und aprikotieren. Dazu Aprikosenmarmelade ohne Stücke mit Wasser unter Rühren aufkochen, vom Herd ziehen und mit einem Pinsel die Konfitüre auf den Törtchen verstreichen.

Deko-Idee:
Ein Einweg-Holzschälchen mit Acryllack weiß anmalen. Jeweils zwei Küchlein auf eine ovale Tortenspitze setzen, diese oben zusammenfassen, ein Schleifenband durch die Zierlöcher ziehen, zur Schleife binden und in ein Einweg-Holzschälchen setzen.

Clafoutis mit Mirabellen & Kirschen

Ein französischer Klassiker

Die französische Küche ist eine der besten der Welt; nicht umsonst sagt man: »Essen wie Gott in Frankreich«. In meinem Urlaub in Rouen habe ich Clafoutis für mich entdeckt und danach ein Rezept entwickelt.

1 Butter in einem kleinen Topf zerlassen, mit ein wenig davon die Förmchen bepinseln. Die übrige Butter beiseitestellen (circa 50 g). Backofen auf 180 Grad (Ober-/Unterhitze) vorheizen.

2 Eier mit Salz, Puderzucker, Kardamom und Zitronenschale schaumig schlagen, dann die übrige Butter, das Mehl, die Mandeln und die Milch unterrühren.

3 Den Teig in die Förmchen füllen und die Kirschen darauf verteilen. Die Mirabellen halbieren und ebenfalls darauf verteilen.

4 Auf einen Gitterrost stellen und 30 Minuten backen.

Deko-Idee: Die Clafoutis in den Förmchen verschenken. Nach dem Auskühlen die Förmchen in Papiertüten verpacken, diese mit Masking Tape zukleben und mit einer Federklemme eine Schleife festklemmen.

Zutaten

ca. 6 Förmchen, 12 cm Durchmesser

90 g Butter

5 Eier (M)

1 Prise Salz

75 g Puderzucker

½ TL gemahlener Kardamom

4 TL abgeriebene Schale einer Bio-Zitrone

190 g Mehl

45 g gemahlene Mandeln

225 ml Milch

450 g Kirschen, entsteint

450 g Mirabellen, entsteint

Material zum Verpacken

Tarteförmchen, Papiertüten, Masking Tape, Schleifenband, Federklemme

Erdbeertartelettes mit Minzhonig

Ein beerig-frisches Vergnügen

Zutaten

Teig

125 g Butter

80 g Puderzucker

1 Ei (S)

Abgeriebene Schale einer ½ Bio-Zitrone

250 g Mehl

1 Prise Salz

Hülsenfrüchte (zum Blindbacken)

Füllung

400 g Schmand, 100 g Zucker

2 Eigelb, 30 g Speisestärke

Mark einer Vanilleschote

450 g Erdbeeren

10 Blätter frische Minze

5 EL Akazienhonig

2 TL Zitronensaft

Material zum Verpacken

Pappteller, Stoffreste, Garn, Papier, Stift, kleines Fläschchen/Glas

Dieses Rezept ist zwar etwas aufwendiger, aber man wird mit fruchtig-frischen Törtchen belohnt. Und wer sagt eigentlich, dass man sich die Tartelettes nicht auch mal selbst schenken darf?

1 Backofen auf 180 Grad (Ober-/Unterhitze) vorheizen. Tartelettteförmchen (6 cm Durchmesser) ausbuttern. Für den Teig Butter, Puderzucker und Ei kurz mit dem Handrührgerät vermischen. Zitronenschale, Mehl und Salz zugeben und rasch zu einem homogenen Teig vermischen. In Frischhaltefolie wickeln und 30 Minuten in den Kühlschrank legen.

2 Den Teig zwischen zwei Lagen Backpapier ganz dünn ausrollen und 12 Kreise mit 8 cm Durchmesser ausstechen (z.B. mit einem Glas). Die Kreise in die Tartelettteförmchen legen und gut andrücken. Die Böden mit einer Gabel einstechen, mit passenden Kreisen aus Backpapier belegen, mit Hülsenfrüchten beschweren und 10 Minuten blindbacken.

3 Nach dem Backen die Hülsenfrüchte und das Backpapier entfernen, die Zutaten für die Füllung miteinander verrühren und auf den Böden verteilen. Nochmals 10 bis 15 Minuten weiterbacken. Die Creme sollte nicht braun werden. Herausnehmen und abkühlen lassen. Die Erdbeeren waschen, putzen und in Scheiben schneiden. Fächerförmig auf den Tartelettes verteilen. Die Minze hacken, den Honig mit dem Zitronensaft mischen und die Minze dazugeben. In ein kleines Fläschchen oder Weckglas füllen.

Deko-Idee:

Die Tartelettes auf einem bunten Pappteller anrichten, den Deckel der Honig-Minz-Marinade mit einem Stoffstück verpacken, das Glas in die Mitte stellen und einen Zettel mit einer Botschaft mit dazubinden.

vor dem Genießen
ein wenig Honig-Minz-
Mariande mit dem Löffel
über die Tartelettes
träufeln… dann schmeckts
besonders
LECKER

Schoko-Birnen-Kuchen am Stiel

Eis mal anders

Jeder liebt Eis am Stiel, doch diese Variante habt ihr bestimmt noch nie probiert. Denn wer die leckere Schokoschicht geknackt hat, den erwartet keine Eiscreme, sondern ein fruchtig-schokoladiger Kuchen.

Zutaten

ca. 8 Stück

350 g feste Birnen

250 g Mehl

3 EL Kakaopulver

½ TL Zimt

1 Pck. Backpulver

3 Eier (M)

230 g Zucker

125 ml Sonnenblumenöl

50 ml Milch

250 g Frischkäse

50 g Butter, weich

100 g gehackte Mandeln

400 g Zartbitterkuvertüre

200 g weiße Kuvertüre

Material zum Verpacken

Holzstäbchen, Cellophanbeutel, Mini-Wäscheklammern, Papier, Buchstabenstempel, Stempelkissen

1 Die Birnen schälen, vierteln, entkernen und in kleine Würfel schneiden. Mehl, Kakaopulver, Zimt und Backpulver mischen. Backofen auf 180 Grad (Ober-/Unterhitze) vorheizen. Eier und Zucker cremig schlagen. Öl hinzufügen, umrühren, Mehl abwechselnd mit der Milch dazu rühren. Birnen unterheben.

2 Den Teig in eine gefettete, gemehlte Kastenform füllen und im unteren Drittel des heißen Ofens 50 bis 60 Minuten backen. Aus dem Ofen nehmen und in der Form auskühlen lassen. Nach dem Abkühlen den Kuchen zerbröseln. Frischkäse und Butter verrühren und mit den Kuchenbröseln verkneten. Es sollte eine formbare, nicht zu weiche Masse entstehen. Diese dann in Silikonformen für Eis am Stiel drücken, die Stiele hineinstecken und 35 Minuten ins Eisfach stellen. Währenddessen die Zartbitterkuvertüre über einem heißen Wasserbad schmelzen und in ein hohes Gefäß füllen. Die Kuchen am Stiel aus dem Eisfach holen und komplett in die Schokolade tauchen. Zum Trocknen in ein Stück Styropor stecken.

3 Wenn die Glasur getrocknet ist, die weiße Schokolade schmelzen und in dünnen Linien über die Zartbitterschokolade träufeln.

Deko-Idee:
Einzeln in Tütchen verpacken und über dem Stiel mit einer Mini-Wäscheklammer zusammenklemmen. Kleine Papierstückchen mit einer Wellenschere ausschneiden und mit »Eis am Stiel« bestempeln.

Himbeer-Mango-Croissants

Kleine, fruchtige Leckerbissen

*Wer liebt sie nicht? Croissants, das zarte Buttergebäck aus Frankreich.
Ich persönlich fülle meine selbst gemachten Croissants gerne mit frischen
Früchten. Das gibt ihnen das besondere Etwas.*

1 Die Mango schälen, das Fruchtfleisch vom Kern trennen und in kleine
Würfel schneiden. Die Himbeeren in einem Sieb unter kaltem Wasser abbrausen und trocken tupfen. Beides mischen.

2 Mangosaft mit Vanillepuddingpulver mischen und kurz aufkochen lassen.
Dann sofort vom Herd nehmen und abkühlen lassen. Nach dem Abkühlen
die Früchte unterheben. Eigelb, Crème fraîche und 1 EL feinsten Zucker
glattrühren.

3 Backofen auf 200 Grad vorheizen. Blätterteige mit dem Backpapier
aufrollen und längs in 3 Streifen schneiden. Diese Streifen schräg in 2 lange
Dreiecke teilen. Die Dreiecke mit rundum 2 cm Abstand zum Rand mit der
Crème-fraîche-Mischung bestreichen. Die Früchte auf die untere breite Seite
der Dreiecke geben, dabei ca. 1,5 cm Abstand zum Rand lassen. Von dieser
breiten Seite her aufrollen und zu Hörnchen formen.

4 Ein Backblech mit Backpapier belegen und die Croissants darauf geben.
Mit der Sahne bestreichen und mit braunem Zucker bestreuen. Auf mittlerer
Schiene circa 30 Minuten goldgelb backen.

Deko-Idee: Die Croissants in ein Körbchen mit einer schönen
Stoffserviette legen. Am Rand des Körbchens eine Schleife anbringen.

Zutaten

ca. 18 Stück

1 Mango

150 g Himbeeren

100 ml Mangosaft

1 EL Vanillepuddingpulver

1 Eigelb

75 g Crème fraîche

1 EL feinster Zucker

3 Packungen Blätterteig (Kühlregal)

2 EL Sahne

2 EL brauner Zucker

Material zum Verpacken

Kleines Körbchen, Stoffserviette,
Dekoband

Brombeermuffins mit Streuseln

Kleine Seelentröster für den Alltag

Zutaten

Streusel

30 g Mandeln

60 g Butter

60 g Mehl

30 g kernige Haferflocken

1 TL Zimt

60 g brauner Zucker

Teig, ca. 12–16 Muffins

1 Ei

200 ml Buttermilch

6 EL Pflanzenöl

1 Prise Salz

1 TL abgeriebene Zitronenschale

125 g Zucker

250 g Mehl + 2 EL Mehl

1 TL Natron, 1 TL Backpulver

20 g getrocknete Mangos

200 g Brombeeren

Material zum Verpacken

Holztablett, Serviette, Dekoband

Muffins passen einfach immer wieder zu jeder Gelegenheit: zu Geburtstagen, Partys oder als Seelentröster für sich selbst. Wenn ich diese Muffins backe, kann ich für eine kurze Zeit dem Alltag entfliehen.

1 Für die Streusel Mandeln hacken, die Butter zerlassen und abkühlen lassen. Mehl, Haferflocken, Mandeln, Zimt, Zucker und Butter in einer Schüssel zu Streuseln verarbeiten und in den Kühlschrank stellen. Den Ofen auf 180 Grad (Umluft) vorheizen.

2 Das Ei mit Buttermilch, Öl, Salz, Zitronenschale und Zucker cremig schlagen. Mehl, Natron und Backpulver in einer separaten Schüssel vermischen und über den Teig sieben. Mit einem Holzkochlöffel unter die Ei-Masse heben, dass gerade so ein Teig entsteht. Es dürfen ruhig noch ein paar Mehlklümpchen zu sehen sein.

3 Die getrockneten Mangos in feine Würfel hacken. Die Brombeeren waschen, halbieren, mit 2 EL Mehl vermischen und zusammen mit den Mangos behutsam unter den Teig heben. Die Streusel aus dem Kühlschrank holen.

4 Ein Muffinblech mit 12 Papierförmchen auslegen, zu ²/₃ mit dem Teig füllen und die Streusel darauf verteilen. 20 bis 25 Minuten backen.

Deko-Idee: Ein kleines Holztablett mit einer schönen Serviette belegen, die Muffins darauf verteilen, ein Band durch die Henkel des Tabletts fädeln und mit einer Schleife verschließen.

Kirsch-Cupcakes

Ein zarter Genuss

Zutaten

Diese Cupcakes habe ich schon einmal für eine Hochzeit gebacken und viele wollten danach das Rezept haben. Im Gegensatz zu anderen Cupcakes sind sie nämlich weniger süß und der Teig zergeht förmlich auf der Zunge.

Teig, ca. 12–16 Cupcakes

500 g Sauerkirschen +
12–16 Stück mit Stiel

3 Eier

175 g Zucker

175 ml Öl

350 g Mehl

2 gestrichene TL Backpulver

1 EL Kakaopulver

180 ml Milch

Topping

2 EL Zucker

1 Pck. Sahnesteif

250 ml Sahne

Material zum Verpacken

Smoothie-Becher mit Deckel,
Cupcake-Cups, Holzspieß,
Masking Tape, Schleife

1 Den Ofen auf 160 Grad (Umluft) vorheizen. Ein Muffinbackblech mit Cupcake-Cups ausstatten. Für den Teig die Kirschen entsteinen und waschen. In einem kleinen Topf 200 ml Wasser zum Kochen bringen. Die Kirschen kurz darin blanchieren. Herausnehmen und kalt abschrecken. Eier mit Zucker dick-cremig aufschlagen und langsam das Öl zugießen.

2 Mehl, Backpulver und Kakaopulver mischen und abwechselnd mit der Milch unter die Eiercreme rühren. Die Cupcake-Cups zu $1/3$ mit Teig füllen. Kirschen darauf verteilen und dann so viel Teig darauf geben, dass etwas mehr als $2/3$ der Cups gefüllt sind. Im vorgeheizten Ofen circa 25 Minuten backen. Aus dem Ofen nehmen und vollständig abkühlen lassen. Für das Topping Zucker und Sahnesteif vermischen. Die Sahne aufschlagen und das Zucker-Sahnesteif-Gemisch einrieseln lassen.

3 Das fertige Topping in einen Spritzbeutel füllen und eine kleine Rosette auf die vollständig ausgekühlten Cupcakes sprühen, eine Kirsche mit Stiel darauf setzen und im Kühlschrank kühlen.

Deko-Idee:
Cupcakes einzeln in Smoothie-Bechern verpacken. Ein Stück Masking Tape um einen Holzspieß kleben und wie ein Fähnchen einschneiden. Eine kleine Schleife mit anbinden und den Spieß durch den Deckel in den Cupcake stechen.

Birnen-Crumble

Ein knuspriges Vergnügen

Ein Crumble ist ein wunderbarer Leckerbissen. Sowohl warm als auch kalt, mit Eis, mit Vanillesoße oder pur. Und das Beste ist, man kann ihn mit dem Obst zubereiten, das man gerade zur Hand hat.

1 Den Backofen auf 200 Grad (Ober-/Unterhitze) vorheizen. 8 kleine Cocotteförmchen ausbuttern. Mandeln hacken. Butter zerlassen und abkühlen lassen.

2 Mehl, Haferflocken, Mandeln, Zimt, Zucker und Butter in einer Schüssel zu Streuseln verarbeiten und in den Kühlschrank stellen. Die Birnen waschen, abtrocknen, halbieren und das Kerngehäuse entfernen. Den Birnensaft zusammen mit dem Honig und der Zimtstange aufkochen, die Birnen darin 5 Minuten dünsten und danach in die Förmchen legen.

3 Die Streusel aus dem Kühlschrank holen und auf den Birnen verteilen. Im heißen Ofen circa 25 Minuten backen, bis die Streusel goldbraun sind.

4 Herausnehmen und abkühlen lassen. Noch am selben Tag verschenken.

Deko-Idee:
In den Förmchen verschenken. Der/die Beschenkte kann den Crumble dann im Backofen nochmals erwärmen. Eventuell gibt es für die Cocotteförmchen auch Deckel. Diese kann man dann mit Masking Tape zukleben, eine kleine Holzgabel mit ankleben und einen bestempelten Geschenkanhänger an den Henkel der Förmchen binden.

Zutaten

1 Auflaufform

60 g Butter

30 g Mandeln

60 g Mehl

30 g kernige Haferflocken

1 TL Zimt

60 g brauner Zucker

600 g Birnen

250 ml Birnensaft

1 EL Waldhonig

1 Zimtstange

Material zum Verpacken

Cocotteförmchen, Masking Tape, Geschenkanhänger, Stempel, Holzgabeln, Dekogarn

Mini-Erdbeer-Wackelpudding

Wackelspaß für jede Party

Zutaten

Wackelpudding ist einfach eine herrlich wackelnde Angelegenheit. Jeder kennt ihn und jeder liebt ihn. Probiert einmal diese erdbeerige Variante mit Fruchtstückchen.

ca. 5–10 Stück

12 Blatt rote Gelatine

150 g Erdbeeren

200 ml Erdbeer-Vanille-Sirup (siehe Seite 108)

500 ml weißer Traubensaft

4 cl Wodka (nach Belieben)

Material zum Verpacken

Weckgläser ohne Gummi, Förmchen (100 ml), Masking Tape, Plastiklöffel

1 Gelatine in kaltem Wasser einweichen.

2 Erdbeeren abbrausen, putzen und in sehr kleine Würfel schneiden.

3 Den Sirup mit dem Traubensaft vermischen. 5 EL davon in einem kleinen Topf erwärmen und die Gelatine darin auflösen. Dann das Ganze unter den restlichen Saft rühren. Für die erwachsene Variante einfach noch 4 cl Wodka zum Traubensaft-Sirup-Gemisch geben.

4 In kleine Förmchen à 100 ml füllen und, sobald die Masse fest zu werden beginnt, die Erdbeerwürfel unterrühren.

5 4 Stunden in den Kühlschrank stellen, bis die Masse schön fest ist. Danach aus den Förmchen stürzen.

Deko-Idee:
Je einen Pudding in ein flaches Weckglas setzen, den Deckel mit Masking Tape fixieren. Aus Masking Tape ein kleines Fähnchen um einen bunten Plastiklöffel kleben und diesen unter das über den Deckel geklebte Masking Tape schieben.

Aprikosen-Konfitüre-Happen

Kleine Leckerbissen für zwischendurch

Zutaten

ca. 12–16 Stück

300 g Aprikosen

100 g Gelierzucker (2:1)

75 g Mehl

50 g Zucker

75 g gemahlene Walnüsse

100 g weiche Butter

Material zum Verpacken

Butterbrotpapier, Twist-Off-Gläser, Stoffstücke, Dekogarn, Fotokarton, Stempel

Ein wunderbar einfaches Rezept, mit dem ihr ganz leicht köstliche kleine Kuchenstückchen zaubern könnt. In diesem Rezept wird die Konfitüre zwar auch erst angerührt, man kann aber auch jede andere Konfitüre nehmen.

1 Die Aprikosen häuten, halbieren und entkernen. In kleine Würfel schneiden. Mit dem Gelierzucker in einen Topf geben, unter Rühren aufkochen und 4 Minuten sprudelnd kochen. Danach im Topf abkühlen lassen. Den Backofen auf 180 Grad vorheizen.

2 Mehl, Zucker, Walnüsse und Butter zu einem Teig verarbeiten. Eine quadratische Form (20 x 20 cm) fetten und ²/₃ des Teigs als Boden in die Form drücken. Die Konfitüre darauf verstreichen. Den restlichen Teig auf einem Backpapier zu einem Quadrat (20 x 20 cm) ausrollen und auf die Konfitüre stürzen. Das Backpapier abziehen, den Teig leicht andrücken und 35 bis 40 Minuten im vorgeheizten Ofen backen.

3 Herausnehmen, auskühlen lassen, mit einem umgedrehten Glas Kreise ausstechen und nach Belieben mit Puderzucker bestäuben.

Deko-Idee: Dasselbe Glas, mit dem die Happen ausgestochen wurden, auf Butterbrotpapier stellen, den Umriss aufzeichnen und ausschneiden. Das Ganze etwa 5- bis 6-mal. Die kleinen Happen in ein Glas schichten und immer einen Butterbrotpapier-Kreis als Zwischenlage benutzen. Das Glas verschließen, den Deckel mit einem Stoffrest verdecken und mit Garn umwickeln. Einen Anhänger ausschneiden, bestempeln und mit ans Glas binden.

Johannisbeer-Marzipan-Schnecken

Süß oder sauer?

Diese kleinen, süß-sauren Hefeschnecken hat einmal eine gute Freundin von mir zu ihrem Geburtstag gebacken. Ich musste unbedingt das Rezept erfahren, da diese Hefeschnecken einfach süchtig machen.

1 Aus allen Zutaten für den Teig einen Hefeteig bereiten und gut durchkneten. Den Teig in einer mit Klarsichtfolie abgedeckten Schüssel an einem warmen Ort circa 30 Minuten gehen lassen. Dann nochmals kurz durchkneten und wieder gehen lassen, bis sich die Masse verdoppelt hat. Den Teig niederschlagen und auf einer leicht bemehlten Flache ausrollen.

2 Die Johannisbeeren von den Rispen zupfen, waschen und abtropfen lassen. Die Marzipanmasse würfeln und in ein hohes Gefäß geben. Das Ei dazugeben und mit den Schneebesen des Handrührgerätes glattrühren.

3 Die Marzipanmasse dünn aufstreichen. Die Johannisbeeren auf dem Teig verteilen, dabei etwa 1 cm Rand freilassen und den Teig von der langen Seite her aufrollen. Mit einem bemehlten Messer in etwa 2 cm breite Scheiben schneiden und diese auf 2 mit Backpapier ausgelegte Backbleche legen.

4 Im vorgeheizten Backofen 200 Grad (Ober-/Unterhitze) circa 15 Minuten backen, dann herausnehmen und auf ein Kuchengitter legen. Den Puderzucker mit 2 bis 3 EL Wasser oder Zitronensaft glattrühren und die noch heißen Schnecken damit bestreichen.

Deko-Idee:
Die Schnecken in kleine Papierbackförmchen legen, immer mit einer kleinen Tortenspitze dazwischen. Dann mit einer Schleife versehen.

Zutaten

Hefeteig
400 g Mehl

1 Würfel Hefe

200 ml Milch

60 g Zucker

1 Ei

80 g Butter

1 Prise Salz

Füllung
500 g rote Johannisbeeren

200 g Marzipanrohmasse

1 Ei

150 g Puderzucker

Material zum Verpacken
Papierbackförmchen, Tortenspitze, Dekoband

Brombeerbaisers

Kleine fruchtige Wölkchen

Zutaten

bis zu 80 Stück

200 g Brombeeren

3 Eiweiß

1 TL Zitronensaft

80 g Zucker

120 g Puderzucker

Material zum Verpacken

Butterbrotpapier, Dekoband,
Buchstabenstempel

Wer mag sie nicht, die kleinen, luftigen Baisers? Sie lassen sich prima vorbereiten und verschenken. Mit ihrem fruchtigen Brombeergeschmack sind sie ein ganz besonderer Genuss.

1 Backofen auf 150 Grad vorheizen. Ein Backblech mit Backpapier auslegen. Brombeeren waschen, pürieren und durch ein Sieb streichen.

2 Eiweiß und Zitronensaft schaumig aufschlagen, bei niedriger Geschwindigkeit langsam den Zucker einrieseln lassen und auf höchster Stufe circa 3 Minuten weiterschlagen.

3 Den Puderzucker darüber sieben und vorsichtig unterrühren.

4 Das Brombeerpüree nur kurz mit einem Löffel einrühren, sodass eine Marmorierung entsteht. Die Masse dann in einen Spritzbeutel mit Sterntülle füllen und kleine Rosetten auf das Backblech aufspritzen.

5 Auf der mittleren Schiene des Ofens circa 4 bis 5 Minuten backen, dann die Temperatur auf 100 Grad herunterdrehen und die Baisers 2 Stunden im Ofen trocknen lassen. Am besten einen Holzlöffel in die Ofentür klemmen, damit die Feuchtigkeit entweichen kann.

Deko-Idee: Aus Butterbrotpapier kleine Spitztüten basteln und bestempeln, zum Beispiel mit den Texten »Auf Wolke 7« oder »Schäfchenwolken«. Dann die Baisers darin verpacken.

Erdbeer-Mango-Trauben-Spieße

Besonders beliebt bei Kindern

Zutaten

Dieses fruchtige Gastgeschenk könnt ihr ganz schnell und einfach zubereiten. Mehr als Obst, ein paar Holzspieße und Schokolade ist nicht nötig. Besonders bei Kindern kommen diese Spieße immer wieder sehr gut an.

10–15 Spieße

10 Erdbeeren

20 Trauben (grün oder blau, kernlos)

1 Mango

200 g Zartbitterkuvertüre

Je nach Wunsch: 3 EL Kokosraspeln, gehackte Mandeln oder Zuckerstreusel

Material zum Verpacken

Hohes Glas, Kokosflocken, Gummibänder in verschiedenen Farben, Schleifenband

1 Erdbeeren waschen, putzen und halbieren. Trauben waschen. Mango schälen und das Fruchtfleisch in große Würfel schneiden.

2 Die Schokolade über dem heißen Wasserbad langsam schmelzen. Dazu einfach die Kuvertüre in kleine Stücke hacken, einen Teil davon schmelzen und dann die restliche Schokolade Schritt für Schritt dazugeben.

3 Die Früchte abwechselnd auf Holzspieße aufspießen. Mit einem Esslöffel die flüssige Schokolade über die Früchte träufeln und die Spieße anschließend mit Kokosraspeln, gehackten Nüssen oder Zuckerstreuseln bestreuen.

4 Auf ein Backpapier legen und trocknen lassen.

Deko-Idee:
Ein hohes Glas mit Kokosflocken füllen und verschiedenfarbige Gummibänder darüberziehen. Die Spieße in die so entstehenden Zwischenräume stecken. Eine Schleife darumbinden.

PIZZA
CON
FRUTTI
GIARDINO

Apfel-Nektarinen-Pizzaschnitten

Pizza mal anders

Wer sagt denn, dass Pizza immer nur mit Käse, Tomaten und Salami belegt werden darf? Eine süße Pizza ist durchaus möglich und schmeckt mindestens genauso lecker wie die würzige Variante.

1 Aus allen Zutaten für den Teig einen Hefeteig bereiten und gut durchkneten. Den Teig in einer abgedeckten Schüssel an einem warmen Ort für circa 30 Minuten gehen lassen. Danach nochmals durchkneten und wieder gehen lassen, bis sich die Masse verdoppelt hat. Den Teig niederschlagen und auf einer leicht bemehlten Fläche zu einem Kreis ausrollen.

2 Die Crème fraîche mit dem Zimt verrühren und den Hefeteig damit bestreichen (circa 1 cm Rand lassen).

3 Die Äpfel und die Nektarinen waschen, halbieren, entkernen und in schmale Spalten schneiden.

4 Abwechselnd fächerförmig auf die Crème fraîche schichten, mit gehackten Mandeln und braunem Zucker bestreuen und im vorgeheizten Backofen 200 Grad (Ober-/Unterhitze) im unteren Drittel 20 bis 25 Minuten backen.

5 Herausnehmen, auf einem Kuchengitter auskühlen lassen.

Deko-Idee:
Die Pizza in 12 Teile schneiden und in einem Pizzakarton verpacken. Den Karton vorher bemalen, mit Tafellack eine schöne Fläche auf der Oberseite gestalten und diese mit Kreide beschriften, zum Beispiel »Eine ganz besondere Pizza« oder »Pizza – mal anders«. Mit Paketschnur verzieren.

Zutaten

Hefeteig

350 g Mehl

½ Würfel Hefe (20 g)

200 ml lauwarmes Wasser

25 g Olivenöl

1 Prise Zucker

1 TL Salz

Belag

150 g Crème fraîche

1 TL Zimt

3 Äpfel

3 Nektarinen

150 g gehackte Mandeln

2 EL brauner Zucker

Material zum Verpacken

Pizzakarton oder kleiner flacher Karton, Acrylfarbe, Kreide, Tafellack, Paketschnur

Himbeeren, mit dreierlei Schokolade gefüllt

Schnell, einfach, genial

Zutaten

ca. 250 g

250 g Himbeeren

100 g weiße Schokolade

100 g Vollmilchschokolade

100 g Zartbitterschokolade

1 Stück Alufolie

Material zum Verpacken

Papp-Backförmchen, Seidenpapier, Masking Tape

Oft sind es die einfachen, kleinen Dinge, die großen Eindruck hinterlassen. Diese kleine Idee ist nicht nur schnell gemacht, sondern auch äußerst lecker. Die Beschenkten werden es zuerst für normale Himbeeren halten...

1 Die Himbeeren waschen und mit einem Küchentuch auch innen trockentupfen. Am besten das Ganze schon einen Tag vorher vorbereiten; die Beeren müssen innen komplett trocken sein.

2 Ein großes Stück Alufolie zerknittern und vorsichtig wieder öffnen. Auf die Arbeitsplatte legen und nun in die entstandenen Mulden die Himbeeren setzten – mit der Öffnung nach oben.

3 Die drei Schokoladen separat in einem heißen Wasserbad schmelzen und in die Himbeeren einfüllen. Dazu am besten eine Spritze oder einen Spritzbeutel benutzen.

4 Schokolade in den Himbeeren fest werden lassen. Fertig ist die kleine Leckerei.

Deko-Idee: Kleine Papp-Backförmchen mit Masking Tape verzieren und mit Seidenpapier auslegen. Dann die Himbeeren mit der Schokoladenseite nach unten hineinlegen.

Kandierte Zitronenscheiben

Ein erfrischender Snack

Zutaten

ca. 50–80 Scheiben

4 ungespritzte Bio-Zitronen

400 g Zucker

700 ml Eiswasser

Material zum Verpacken

Eierkarton, Acryllack, Pinsel, Sisalband,
Butterbrotpapier, Anhänger

Nicht nur zu Weihnachten verschenke ich sehr gerne kandierte Zitronen-scheiben; auch im Sommer sind sie ein Genuss – pur als erfrischender Snack oder auch klein geschnitten im Salat.

1 Zitronen unter kaltem Wasser gründlich mit einer Bürste reinigen. Anschließend in möglichst dünne Scheiben schneiden.

2 In einem großen Topf Wasser zum Kochen bringen und die Zitronen-scheiben circa 2 Minuten darin blanchieren. Einen tiefen Teller mit Wasser und Eiswürfeln füllen, die Zitronen mit einer Schöpfkelle aus dem kochen-den Wasser heben und im Eiswasser abkühlen lassen.

3 Im selben Topf 350 ml Wasser und den Zucker zum Simmern bringen. Nicht kochen! So lange simmern lassen, bis sich der Zucker komplett auf-gelöst hat. Dann die Zitronenscheiben hineingeben und auf niedriger Stufe ungefähr 1 Stunde weitersimmern lassen.

4 Die Scheiben aus dem Sirup nehmen und auf einem Kuchengitter 12 Stunden trocknen lassen. Luftdicht verpacken. Zwischen jeden Lage Zitronen ein Stück Backpapier legen.

Deko-Idee: Einen Eierkarton vom Deckel trennen und mit Acryllack bemalen. Sisalband als Henkel durch die beiden Türmchen fädeln und ein Schildchen dranbinden. Die Fächer mit Butterbrotpapier auskleiden und die Zitronen einfüllen.

kandierte
Zitronen

Zwetschgentriangeln

Knusperzart und fruchtig gefüllt

Diese kleinen, knusprigen Triangeln aus Filoteig können mit den verschiedensten Früchten gefüllt werden. Zwetschgen ergeben in Kombination mit Zimt und Vanille ein unglaublich feines Aroma.

1 Zwetschgen putzen, schälen, entkernen und in kleine Würfel schneiden. Das Mark der Vanilleschote herauskratzen.

2 Zwetschgen, Zimt, Vanillemark und Vanilleschote mit 2 EL Wasser in einem kleinen Topf kurz blanchieren und sofort wieder vom Herd nehmen. Die Zwetschgen sollten noch Biss haben. Vanilleschote herausnehmen. Backofen auf 180 Grad vorheizen. Filoteig mit einem feuchten Geschirrtuch abdecken.

3 1 Lage Filoteig auf ein Holzbrett legen, mit Butter bepinseln und mit Zucker bestreuen. 2 weitere Lagen genau gleich darüberlegen. Den dreilagigen Filoteig der Länge nach dritteln. Auf das Ende der 3 Lagen je einen gehäuften TL der Zwetschgen geben und so lange zu Dreiecken falten, bis die Lage aufgebraucht ist.

4 Die Triangeln auf ein mit Backpapier ausgelegtes Backblech legen, mit Butter bepinseln und mit Zucker bestreuen. 10 bis 15 Minuten backen, bis die Triangeln schön goldgelb sind.

Deko-Idee: Mit einer Nadel und einer Paketschnur die Triangeln zu einer Wimpelkette auffädeln. Gegebenenfalls in Klarsichtfolie verpacken oder einfach so verschenken.

Zutaten

18 Stück

250 g Zwetschgen

1 Vanilleschote

1 TL Zimt

18 Blätter gefrorener Filoteig, aufgetaut

150 g Butter, zerlassen

100 g Zucker

Material zum Verpacken

Paketschnur, evtl. Klarsichtfolie

Würziges Vergnügen

Wer sagt denn, dass man Früchte nur für Süßes verwenden kann?
Wer hat nicht schon einmal eine Birne mit Preiselbeeren zu einem
Wildgericht gegessen? Darum möchte ich euch in diesem Kapitel
einige meiner liebsten, würzigen Obstrezepte vorstellen.
Deftige Chutneys, aromatische Soßen – perfekt zum Grillen im
Sommer oder zum Verfeinern von Fleischgerichten.
Ihr werdet begeistert sein.

Aprikosenketchup

Die fruchtige Alternative zum Klassiker

Das klassische Ketchup aus dem Handel kennt jeder: rot, tomatig und voller Zucker. Mein Ketchuprezept kommt dagegen fast ohne Zucker und sogar komplett ohne Tomaten aus.

1 Die Aprikosen waschen, halbieren, den Stein entfernen und grob würfeln. Knoblauch und Zwiebel häuten. Alles in feine Würfel schneiden.

2 Zwiebeln und Knoblauch in einem kleinen Topf im Öl circa 3 Minuten andünsten, dann die Aprikosen hinzufügen und weitere 3 Minuten dünsten.

3 Mit dem Weißwein ablöschen und mit Salz, Pfeffer und Zucker würzen. 15 Minuten auf mittlerer Flamme einkochen lassen, danach pürieren und nochmal kurz aufkochen.

4 In sterile Twist-Off-Flaschen füllen und fest verschließen.

Deko-Idee:
Flaschen in Packpapier einwickeln und mit einer Schleife zubinden. Oder nur den Deckel mit Packpapier verdecken, mit einer Schleife zubinden und ein Etikett mit einer kleinen Holzklammer befestigen.

Zutaten

ca. 500 ml

500 g Aprikosen

1 Knoblauchzehe

1 rote Zwiebel

2 EL Olivenöl

200 ml Weißwein

Salz

Pfeffer

1 EL brauner Zucker

Material zum Verpacken

Flaschen, Packpapier, Schleifenband, Holzklammer

Johannisbeer-Salsa

Eine geniale Marinade für Grillfleisch

Zutaten

ca. 800 ml

500 g schwarze Johannisbeeren
390 g Zwiebeln
2 Knoblauchzehen
30 g frischer Ingwer
2 EL Olivenöl
5 EL brauner Zucker
2 TL Currypulver
Salz
Pfeffer

Material zum Verpacken

Einmachgläser, Packpapier, Grillpinsel, Baumwollband, Wellpappe, Ausstechförmchen (Kuh oder Schwein)

Mit dieser Salsa könnt ihr Fleisch, Chicken Wings oder Spareribs während des Grillvorgangs glasieren. So veredelt ihr im Handumdrehen einfaches Fleisch mit einer raffinierten, fruchtig-herben Würzmischung.

1 Johannisbeeren von den Rispen zupfen, waschen, pürieren und durch ein Sieb streichen (oder die »Flotte Lotte« verwenden). Zwiebeln und Knoblauch schälen und fein würfeln. Ingwer ebenfalls schälen und reiben.

2 Das Öl in einem Topf erhitzen und die Zwiebeln sowie den Knoblauch anbraten. 200 ml warmes Wasser dazugeben und bei mittlerer Hitze 20 Minuten dünsten. Zucker dazugeben und weitere 5 Minuten dünsten.

3 Das Johannisbeermus, den Ingwer und das Currypulver zu den Zwiebeln schütten, verrühren und mit Salz und Pfeffer abschmecken. Alles pürieren und 10 Minuten unter ständigem Rühren einkochen lassen.

4 Die Salsa sofort randvoll in sterile Gläser füllen und verschließen.

Deko-Idee:

Aus Wellpappe eine Kuh oder ein Schwein ausschneiden. Als Schablone kann ein Ausstechförmchen dienen. Einen Grillpinsel oder anderes Grillutensil mit einem Baumwollband an das Glas binden. Das Etikett ebenfalls mit dem Band verknoten. Aus Packpapier eine Deckelhaube schneiden und mit dem gleichen Baumwollband fixieren.

made by
ME

JOHANNIS
BEER
SALSA

Heidelbeer-Trauben-Relish

Eine besondere Grillsoße

Dieses Relish ist ein wahrer Traum zu einem saftig gegrillten Stück Steak. Es sticht aus der Masse der normalen Grillsoßen heraus und ist auf jeder Party heiß begehrt.

Zutaten

4 Gläser à 200 ml

300 g Heidelbeeren

200 g kernlose blaue Trauben

120 g rote Zwiebeln

1 rote Chilischote

2 Knoblauchzehen

4 Zweige Rosmarin

2 EL Öl

120 g brauner Zucker

1 TL Salz

100 ml Balsamicoessig

Material zum Verpacken

Einmachgläser, Holzkästchen
(z. B. vom Camembert), Seidenpapier,
Bastelkarton

1 Heidelbeeren verlesen, waschen und in einem Sieb abtropfen lassen. Mit den Trauben ebenso verfahren und anschließend halbieren.

2 Zwiebeln schälen, halbieren und in dünne Scheiben schneiden. Chilischote aufschneiden, Kerne entfernen, Knoblauch schälen und beides fein hacken. Rosmarinzweige mit Küchengarn zusammenbinden. Öl in einem großen Topf erhitzen, die Zwiebeln darin glasig dünsten. Knoblauch und Chili dazugeben und kurz anbraten.

3 Zucker, Salz, Balsamico, Heidelbeeren, Trauben und Rosmarin hinzugeben und bei mittlerer Hitze unter ständigem Rühren aufkochen. 10 Minuten einkochen lassen und ab und zu umrühren. Dann mit einem Kartoffelstampfer oder einer Schöpfkelle das Gemisch zerstampfen und nochmals 8 bis 10 Minuten köcheln lassen. Schön soßenartig einkochen lassen. Rosmarin entfernen, das Relish bis zum Rand in sterile Gläser einfüllen und verschließen. Auf den Kopf stellen, nach 10 Minuten wieder umdrehen und abkühlen lassen.

Deko-Idee:
Ein Holzkästchen, zum Beispiel von einem Camembert, in Seidenpapier einschlagen. Aus dem gleichen Seidenpapier eine Deckelhaube für das Glas ausschneiden. Aus Bastelkarton eine Banderole ausschneiden und mit Band am Deckel befestigen.

Spanischer Orangensalat mit Zwiebeln & Oliven

Außergewöhnlich lecker

Diesen Salat habe ich zum ersten Mal bei meinem besten Freund Antonio gegessen. Ich habe ihn bereits mehrmals selbst gemacht und denke, dass mein Rezept ziemlich nah an seines herankommt.

1 Orangen schälen und filetieren. Den Saft auffangen. Zwiebeln schälen und in feine Ringe hobeln. Oliven in dünne Scheiben schneiden.

2 Orangensaft mit Paprikapulver, Olivenöl, Balsamico und Zimt verrühren und mit Salz abschmecken.

3 Die Orangen mit den Zwiebeln und den Oliven vermischen und mit dem Dressing übergießen.

Deko-Idee:
Salat in kleine Smoothie-Becher mit Deckel füllen. Eine kleine Serviette zusammenrollen und zusammen mit Holzbesteck mit einer Schleife am Becher fixieren.

Zutaten

ca. 1 l

4 Orangen

1 rote Zwiebel

100 g schwarze, entkernte Oliven

½ TL Paprikapulver, edelsüß

4 EL Olivenöl

2 EL Balsamicoessig

1 Msp. Zimt

Salz

Material zum Verpacken

Smoothie-Becher mit Deckel, Serviette, Holzbesteck, karierte Schleife

Pfefferkirschen

Eine fruchtige Beilage zu Wildgerichten

Zutaten

ca. 1 l

1 kg Kirschen

100 ml Rotweinessig

200 ml Rotwein

2 EL schwarze Pfefferkörner

290 g Zucker

1 Zimtstange

3 Gewürznelken

Material zum Verpacken

Einmachgläser, Papiertüte, Stoffband, Packpapier

Für meine Variante dieses bayerischen Rezepts habe ich den Großteil des Essigs durch Rotwein ersetzt, sodass die Kirschen etwas milder schmecken. Wer Wildgerichte liebt, wird diese Kirschen nicht mehr missen wollen.

1 Die Kirschen verlesen, waschen und entsteinen.

2 Alle weiteren Zutaten vermischen, in einem breiten Topf aufkochen und die Kirschen dazugeben. Einen Teller in den Topf legen, um die Kirschen hinunterzudrücken und das Ganze über Nacht ziehen lassen.

3 Am nächsten Tag die Kirschen in ein Sieb schütten und den Saft auffangen. Diesen in den Topf zurückgeben und durch Einkochen die Menge halbieren. Dann die Kirschen wieder dazugeben, nochmals kurz aufkochen, alles in sterile Gläser füllen und sofort verschließen.

Deko-Idee: In einer Papiertüte, zum Beispiel vom Obsteinkauf, verpacken und ein dickes Stoffband darumbinden. Aus Packpapier ein Etikett in der Größe des Deckels zurechtschneiden, beschriften und auf den Deckel kleben.

Eingelegte Salz-Zitronen

Eine marokkanische Spezialität

Zutaten

ca. 50–80 Scheiben

6–8 ungespritzte, kleine Bio-Zitronen

grobes Salz

Material zum Verpacken

Einmachgläser, gelbes Dekoband, getrocknete Zitronenscheiben

Ich liebe die marokkanische Küche. Wenn man zum Beispiel marokkanische Salate oder Tajine zubereitet, benötigt man sehr oft eingelegte Zitronen. Sie müssen zwar einen Monat ziehen – aber es lohnt sich.

1 Die Zitronen unter kaltem Wasser mit einer Bürste gründlich säubern.

2 Die Zitronen vierteln, jedoch nicht ganz durchschneiden. Auf einer Seite sollten sie noch zusammenhalten.

3 Die Innenseiten großzügig salzen und die Zitronen in ein steriles Glas mit Bügelverschluss geben.

4 Nun das Glas mit lauwarmem Wasser auffüllen, bis alle Zitronen komplett bedeckt sind.

5 Das Glas verschließen und an einem kühlen, trockenen und dunklen Ort einen Monat lang ziehen lassen.

Deko-Idee: Gläser mit einer gelben Schleife und getrockneten Zitronenscheiben verzieren.

Stachelbeer-Chutney

Perfekt für jede Grillparty

Die feine Säure und milde Fruchtigkeit der Stachelbeeren verleihen diesem Chutney eine ganz besondere Geschmacksnote. Perfekt zu Grillfleisch und Käse.

1 Die Stachelbeeren waschen, Blüten und Stiele entfernen, halbieren und in einen großen Topf geben. Zucker und Salz dazugeben und vermischen. 2 Stunden ziehen lassen.

2 Während die Früchte im Topf Saft ziehen, die Zwiebeln fein würfeln und die Schale der Bio-Zitrone ganz dünn abschälen (dabei darauf achten, dass die weiße Haut nicht mit abgeschält wird) und in dünne Streifen schneiden.

3 Zwiebeln, Zitronenstreifen, Zimtstange, Honig und Essig zu den Stachelbeeren geben. Kurz aufkochen und dann bei geringer Hitze zu einem Chutney einkochen lassen. Dies kann bis zu 2 Stunden dauern.

4 Den Pfeffer erst ganz am Ende zum Chutney geben und eventuell noch mit Salz abschmecken. Randvoll in sterile Schraub- oder Weckgläser füllen und auf dem Kopf stehend auskühlen lassen.

Deko-Idee:

Einen kleinen Tontopf mit etwas getrocknetem Heu befüllen, ein Glas des Chutneys hineinstellen, dann rundherum mit Heu auffüllen, dass nur noch der Deckel herausschaut. Den Deckel des Glases mit einem karierten Stoff verdecken und mit Garn einen Geschenkanhänger festbinden.

Zutaten

4 Gläser à 250 ml

500 g rote Stachelbeeren

500 g grüne Stachelbeeren

390 g Zucker

2 TL Salz

400 g rote Zwiebeln

1 Bio-Zitrone

1 Zimtstange

20 ml Honig

230 ml milder Weißweinessig

1 TL Pfeffer

Material zum Verpacken

Einmachgläser, Tontopf, Heu, karierter Stoff, Geschenkanhänger, Dekogarn

Kirsch-Chutney

Passt perfekt zu Käse

Zutaten

4 Gläser à 200 ml

2 rote Zwiebeln, fein gewürfelt

5 EL Zucker

100 ml Rotweinessig

500 g Sauerkirschen (entkernt, geviertelt)

500 g Süßkirschen (entkernt, geviertelt)

1 TL gemahlener, schwarzer Pfeffer

Etwas Chili

1 EL neutrales Öl (z. B. Sonnenblumenöl)

1 Stück Ingwer (etwa 2 cm)

1 TL Salz

Material zum Verpacken

Einmachgläser, leere Konservendose, Heu, Stoffreste, Stempel, Nietenzange, Niete, Dekogarn

Wenn ich Käseplatten zusammenstelle, dann steht auch immer ein kleines Gläschen dieses Chutneys mit dabei. Es passt hervorragend zu den meisten Käsesorten und auch zu Wild ist es ein wahrer Genuss.

1 Die Zwiebelwürfel in Öl anschwitzen, den Zucker darüberstreuen und leicht karamellisieren lassen. Mit 100 ml Essig ablöschen.

2 Die Kirschen dazugeben und bei schwacher Hitze köcheln lassen. Dabei gelegentlich umrühren, sonst brennt die Masse an.

3 Die Gewürze erst dann hinzufügen, wenn die Kirschen vollständig zerfallen sind. So lange einkochen, bis die Masse eine sirupartige Konsistenz hat. Mit etwas Salz abschmecken. Direkt nach dem Kochen in vorbereitete Gläser abfüllen und sofort verschließen.

Deko-Idee:

Eine ausgewaschene Konservendose (die etwas größer als das Glas sein sollte) mit etwas Heu befüllen. Das Glas hineinstellen und bis zum Rand der Büchse mit Heu bedecken. Einen Leinenstreifen bestempeln, als Banderole um die Dose legen und festkleben. Mit einer Nietenzange eine Niete in einen schmalen Streifen Leinen drücken und am Glas festbinden.

Feigen-Johannisbeer-Stachelbeer-Senf

Fruchtig scharf – perfekt zum Grillen

Zutaten

2 Gläser à 125 ml

250 g frische Feigen

50 g rote Johannisbeeren

50 g rote Stachelbeeren

2–3 EL Senfpulver

4 EL Balsamicoessig

100 g brauner Zucker

Material zum Verpacken

Einmachgläser, Fotokarton, Zackenschere, Nieten, Nietenzange, Dekogarn

Besonders im Sommer grille ich gern. Oft gibt es dabei selbstgemachte Soßen und Chutneys und auch Senf mache ich gern selbst. Wenn dieser dann auch noch eine fruchtige Note hat, schmeckt er umso besser.

1 Die Feigen schälen und in Würfel schneiden.

2 Johannisbeeren von den Rispen zupfen, Stiele und Blüten von den Stachelbeeren entfernen, die Beeren kalt abbrausen und in einem Sieb abtropfen lassen. Danach die Beeren pürieren und durch ein Sieb streichen.

3 Das Johannisbeer-Stachelbeer-Mus über die Feigen gießen, das Senfpulver dazugeben und alles pürieren.

4 In einem kleinen Topf den Essig zusammen mit dem Zucker aufkochen, das Fruchtmus hinzufügen und 4 Minuten köcheln lassen.

5 Randvoll in sterile Gläser füllen, sofort verschließen. Nach dem Abkühlen im Kühlschrank aufbewahren.

Deko-Idee:
Den Senf in Weck-Gläser abfüllen. Ein Stück Karton zurechtschneiden, am rechten und linken Rand eine Niete anbringen. Den Karton mit »Feigen-Johannisbeer-Stachelbeer-Senf« beschriften und mit den Klammern am Glas festbinden.

Feigen-Johannisbeer-
Stachelbeer-Senf

Überbackene Birnen mit Parmesan-Bacon-Kruste

Süßes Obst – herzhaft garniert

Birnen werden oft als Beilage zu Wild gereicht und fristen ein Dasein als unwichtiges Beiwerk. Doch diese überbackenen Birnen mit Parmesan-Bacon-Kruste sind das Highlight zu jedem Gericht – garantiert.

1 Den Ofen auf 180 Grad vorheizen. Ein Backblech mit Backpapier belegen.

2 Die Birnen waschen, halbieren und mit einem Melonenausstecher das Kerngehäuse entfernen. Die Butter ganz langsam in einem kleinen Topf zerlassen. Die Birnen damit bepinseln und mit der Schnittfläche nach unten bei schwacher Hitze, abgedeckt circa 5 Minuten in einer beschichteten Pfanne anbraten. Immer wieder überprüfen, ob die Schnittflächen braun werden. Sie sollten nicht zu dunkel sein.

3 Den Bacon und die rote Zwiebel in der übrigen Butter dünsten. Semmelbrösel dazugeben und mit Salz und Pfeffer abschmecken.

4 Die Birnen mit der Speck-Zwiebel-Mischung füllen, mit Parmesan bestreuen und 6 bis 8 Minuten im Ofen backen, bis der Käse goldgelb ist. Dann abkühlen lassen.

Deko-Idee:
Die Birnen in Pommesschalen legen und in Butterbrotbeutel verpacken. Die Beutel mit Garn umwickeln, eine Serviette mit einbinden und einen Anhänger anbringen.

Zutaten

6 Stück

3 feste Birnen

40 g Butter

6 Scheiben Frühstücksbacon

1 rote Zwiebel

60 g Semmelbrösel

Salz und Pfeffer

4 EL geriebener Parmesan

Material zum Verpacken

Pommesschalen, Butterbrotbeutel, Dekogarn, Geschenkanhänger

Flüssiges Glück

Im letzten Kapitel meines Buches zeige ich euch, wie ihr auch außerhalb der Obstsaison noch in den Genuss von fruchtigen Aromen kommen könnt. Das geht ganz einfach: Indem ihr das frische, intensive Obst aus eurem Garten im Sommer einfach zu Sirup, Likör oder Essig verarbeitet. So könnt ihr zum Beispiel im Winter eure heiße Schokolade mit einem kleinen Schuss Orangen-Kumquat-Sirup oder einen knackigen Herbstsalat mit einem fruchtigen Holunder-Balsamico-Essig verfeinern.

Apfeltee in zwei Varianten

Würziges für Sommer und Winter

Tee mache ich am liebsten selbst aus getrockneten Kräutern, Gewürzen und Obst. Einer meiner Lieblingstees ist Apfeltee. Im Sommer ist er sehr lecker als Eistee und im Winter kann er mit verschiedenen weihnachtlichen Gewürzen aufgepeppt werden.

1 Die Äpfel entkernen und in kleine Würfel schneiden. Die Schale nicht entfernen. Bei 70 Grad 4 bis 5 Stunden im Ofen trocken. Abkühlen lassen.

2 Für die winterliche Variante eine Zimtstange zerbröseln und mit Gewürznelken und Rosinen zu den Äpfeln geben. Die Mischung könnt ihr auch in einer Teedose aufbewahren. Für eine Kanne Tee werden etwa 2 EL benötigt.

3 Für die sommerliche Variante die Zitronenscheiben klein hacken und zusammen mit der Minze unter die getrockneten Äpfel mischen. Diesen Tee einfach heiß aufbrühen, in eine Kanne mit Eiswürfeln gießen, frische Minze dazu und fertig ist ein leckerer Eistee.

Deko-Idee:

Die Tees in Klarsichtbeutel füllen. Die Papiertüten bestempeln und mit einem Etikettenstanzer Muster ausstanzen. Dann je ein Cellophantütchen in ein Papiertütchen stecken und mit einer Klammer verschließen. Durch die ausgestanzten Muster kann man den Tee erkennen.

Zutaten

Winter

10 süßliche Äpfel

1 Zimtstange

2 Gewürznelken

1 EL Rosinen

Sommer

10 säuerliche Äpfel

5 Scheiben kandierte Zitronen

2 EL getrocknete Pfefferminze

Material zum Verpacken

Cellophanbeutel, Papiertüten, Etikettenausstanzer, Stempel, Klammer

Zitrus-Limonade

Ein erfrischender Drink für heiße Tage

Zutaten

6 Fläschchen à 200 ml

1 große Grapefruit
1 große Zitrone
300 g Zucker

Material zum Verpacken

Kleine Flaschen, Acrylfarben,
Dekogarn, Papierschildchen

Schon als Kind habe ich Limonade geliebt – ganz besonders selbstgemachte. Doch auch als Erwachsener gibt es nichts Erfrischenderes als ein schönes Glas eisgekühlte, hausgemachte Limonade.

1 Die Grapefruit auspressen und 200 ml Saft abmessen.

2 Die Zitrone ebenfalls auspressen und 100 ml Saft abmessen.

3 Läuterzucker herstellen: Dazu 300 g Zucker und 300 ml Wasser vermischen und kurz aufkochen. 300 ml Läuterzucker abmessen (der Rest kann in einer Flasche im Kühlschrank aufbewahrt werden).

4 Den Läuterzucker mit den Zitrussäften vermischen, 600 ml Wasser dazugeben und verrühren.

5 Die Limonade in kleine Flaschen abfüllen und bis zum Verschenken kühl lagern. Die Limonade schmeckt am besten mit Eiswürfeln.

Deko-Idee:
Flasche(n) in verschiedene, verdünnte Acrylfarben dippen. Trocken lassen und noch ein Etikett am Flaschenhals festbinden.

Quittenlikör mit Zimt & Nelken

Ein aromatischer Wintergenuss

Zutaten

4 Flaschen à 250 ml

1,5 kg Quitten
300 g Zucker
1 Zimtstange
1 TL Gewürznelken
500 ml Wodka

Material zum Verpacken:

Flaschen, ovale Tortenspitzen, Stempel, Dekoband

Diesen Likör kann man wunderbar zu Weihnachten verschenken. Wer den Likör im Herbst ansetzt, wird im Winter sein wunderbar fruchtiges Aroma genießen können. Ich erwärme ihn vor dem Servieren etwas, garniere ihn mit einer Sahnehaube und streue etwas Zimt darüber – einfach himmlisch.

1 Die Quitten so lange mit einem trockenen Tuch abreiben, bis der Flaum so gut wie vollständig weg ist. Die Früchte klein schneiden und im Mixer fein zerkleinern.

2 Die Fruchtmasse in eine reißfestes Tuch geben und gut auspressen. 500 ml Saft sollten dabei entstehen.

3 Den Saft mit dem Zucker, der Zimtstange und den Nelken mischen und 24 Stunden in einer Glas- oder Porzellanschüssel im Kühlschrank ziehen lassen (niemals Schüsseln aus Emaille oder Metall verwenden).

4 Am nächsten Tag den Wodka dazugießen, in ein oder mehrere gut verschließbare Gefäße füllen und 3 bis 4 Wochen an einem hellen, warmen Ort stehen lassen. Gelegentlich schütteln (Glasflaschen mit Schraubdeckel eignen sich gut).

5 Den fertigen Likör abfiltern, in sterile, heiß ausgespülte Flaschen füllen und gut verschließen.

Deko-Idee:
Ein ovales Tortendeckchen der Länge nach halbieren, bestempeln, mit Bändchen verzieren und als Banderole um die Flasche binden.

holunder
beer
likoer

09 ~ 2013

Holunderbeerlikör

Warm und kalt ein Genuss

Um lange in den Genuss des Aromas zu kommen, bereite ich gerne einen Likör aus den dunklen Holunderbeeren zu. Dieser passt im Sommer zum Eis und im Winter als feiner Aromageber in Glühwein oder Punsch.

1 Die Beeren abzupfen, waschen und die grünen Beeren herauslesen.

2 Die Beeren in die Flaschen geben.

3 Den Krümelkandis gleichmäßig auf die Flaschen verteilen. Dann beide Flaschen mit Korn auffüllen und 2 Monate an einem dunklen, kühlen Ort ziehen lassen.

4 Wer möchte, kann die Beeren im Likör lassen. Wenn nicht, den Likör nach der Ziehzeit durch ein Sieb gießen, die Beeren entsorgen und den Likör zurück in die Flaschen füllen.

Deko-Idee: Den Likör in Weckflaschen füllen, ein Schild mit Namen und Herstellungsdatum daran hängen.

Zutaten

2 Flaschen à 450 ml

200 g reife Holunderbeeren

100 g Krümelkandis

700 ml Korn (32 %)

Material zum Verpacken

Flaschen, Dekoband, Geschenkanhänger, Stempel

Erdbeer-Vanille-Sirup

Ein flüssiger Traum

Zutaten

4 Flaschen à 500 ml

1 kg Erdbeeren

500 g Zucker

1 Pck. Zitronensäure (5 g)

Mark einer Vanilleschote

500 g Gelierzucker für Erdbeeren (2:1)

Material zum Verpacken

Flaschen, Klebeband, Tafellack, weißer Holzstift

In Kombination mit feiner Vanille entsteht aus den saftig-roten Beeren ein traumhafter Sirup. Er passt hervorragend zu Eis und Pancakes und verwandelt Mineralwasser in einen sommerlich-fruchtigen Drink.

1 Die Erdbeeren waschen und halbieren, größere Früchte vierteln und in eine hitzebeständige Schüssel geben. Mit 1 Liter kochendem Wasser übergießen und circa 20 Minuten ziehen lassen. Durch ein Sieb abgießen und dabei die Flüssigkeit in einem Kochtopf auffangen.

2 Die aufgefangene Flüssigkeit mit Zucker, Zitronensäure, Vanillemark und Gelierzucker gut vermischen und unter Rühren auf höchster Stufe aufkochen. Unter ständigem Rühren 2 Minuten sprudelnd kochen. In sterilisierte Flaschen abfüllen und fest verschließen.

Deko-Idee:
Die Flasche wird mit zwei Klebebandstreifen abgeklebt, der Zwischenraum mit Tafellack bemalt. Nachdem dieser getrocknet ist, wird das Klebeband abgenommen und der Tafellack mit einem weißen Holzstift beschriftet.

Orangen-Kumquat-Sirup mit Honig

Ein außergewöhnlicher Sirup zu Eis & Kaffee

Zutaten

ca. 200 ml

50 g Kumquats

3 Bio-Orangen

1 Bio-Zitrone

1 Zimtstange

2 EL Honig

100 g Zucker

Material zum Verpacken

Flaschen, Klebstoff, Schleifenband, Papier, Butterbrotpapier

Diesen Sirup liebe ich als Soße auf Vanilleeis oder als fruchtig-exotischen Geschmacksgeber in frischen Sommersalaten. Und wer experimentierfreudig ist, kann sogar den morgendlichen Kaffee damit aufpeppen.

1 Die Kumquats heiß waschen, trocknen und in hauchdünne Scheiben schneiden. Orangen und die Zitrone halbieren. 200 ml Orangen- und 50 ml Zitronensaft auspressen.

2 Alle Zutaten in einen kleinen Topf geben, verrühren und einmal aufkochen.

3 Offen bei mittlerer Hitze circa 10 Minuten sirupartig einkochen lassen. Topf vom Herd nehmen und den Sirup auskühlen lassen.

4 Einen Trichter in eine kleine, sterile Flasche stecken, ein feines Sieb über den Trichter halten und den Sirup einfüllen. Gut gekühlt (Kühlschrank) hält sich der Sirup etwa 6 Monate.

Deko-Idee: Den Deckel mit Butterbrotpapier einwickeln. Mit Schleifenband festknoten. Dann ein Etikett aus Papier ausschneiden und auf der Flasche mit Klebstoff festkleben. Mit dem Etikett das Schleifenband fixieren.

Himbeer-Brombeer-Mandel-Sirup

Feiner Sirup für Limonaden oder Eis

Im Sommer ist nichts erfrischender als selbst gemachte Limonade oder Eistee. Dazu braucht man meist leckeren Sirup. Der Himbeer-Brombeer-Mandel-Sirup verleiht jedem Getränk eine fruchtige Note.

1 Die Beeren verlesen, unter kaltem Wasser waschen und in eine Kunststoff- oder Glasschüssel geben (niemals Metall oder Emaille benutzen!). Die Mandeln dazugeben.

2 Den Essig mit 500 ml Wasser mischen und uber die Beeren gießen.

3 Das Ganze 24 Stunden abgedeckt ziehen lassen.

4 Nach 24 Stunden den Saft durch ein Tuch abseihen.

5 500 ml Saft abmessen und mit 500 g Zucker mischen. Sollte es mehr Saft ergeben, einfach pro 10 ml Saft 10 g Zucker mehr hinzufügen.

6 Das Saft-Zucker-Gemisch aufkochen und in vorbereitete, sterile Flaschen füllen.

Deko-Idee: Den Sirup in ganz kleine Fläschchen füllen und immer drei davon mit einem schönen Band zusammenbinden. Die Brombeer- und Himbeerzweige mit anbinden.

Zutaten

4 Flaschen à 275 ml

250 g Himbeeren

250 g Brombeeren

250 g gehäutete Mandeln

1 Fl. Apfelessig

500 g Zucker

Material zum Verpacken

Flaschen, Dekoband, Brombeer- und Himbeerzweige mit Beeren

Scharfer Birnensirup

Ein feuriger Sirup für Salate & Wildgerichte

Zutaten

2 Flaschen à 250 ml

1 rote Chilischote

1 kg Birnen

½ Zitrone

2 kg Zucker

Material zum Verpacken

Flaschen, Wolle, Chilischote, Nietenzange, Nieten, Karton

Mit diesem feurigen Sirup würze ich gerne Salate oder Soßen. Birne passt bekanntlich gut zu Wildgerichten. Mariniert einmal das Wild vor dem Braten in diesem Sirup. Ihr werdet es lieben.

1 Chilischote halbieren und in zwei vorbereitete Flaschen geben (je nach Schärfewunsch mit oder ohne Kerne).

2 Birnen waschen, schälen, entkernen und in kleine Stücke schneiden. Zusammen mit den Schalen in einen Topf geben. Zitrone auspressen und den Saft über die Birnen gießen. Eine kleine Tasse Wasser abfüllen. Etwas Wasser dazugeben und kurz aufkochen lassen, dann das restliche Wasser dazuschütten. Nun den Zucker hinzufügen und alles gut durchrühren. Abgedeckt bei geringer Hitze köcheln lassen. Der Dampf sollte aus dem Deckel entweichen können.

3 Die Birnen so lange köcheln lassen, bis die Flüssigkeit eingedickt ist und der Sirup eine bräunliche Farbe angenommen hat. Den Schaum abschöpfen und den Sirup in die vorbereiteten Flaschen füllen.

Deko-Idee:
Die Flaschen nach dem Abkühlen mit bunter Wolle umwickeln. In die Wolle kann auch eine Chilischote mit eingebunden werden. Ein Stück Karton ausschneiden, nieten und mit an die Wolle binden.

scharfer
Birnen
Sirup

Birnen-Zimt-Essig

Die perfekte Kombination

Zutaten

4 Gläser à 275 ml
4 Williamsbirnen
2 Zimtstangen
800 ml Apfelessig

Material zum Verpacken
Einmachgläser, Papierstrohhalm, kleines Metallsieb, leere Flasche, Dekogarn, Schleife

Wenn es eine grandiose Kombination von Früchten und Gewürzen gibt, dann ist es die von Birne und Zimt: als Konfitüre, als Tee, als Kompott oder, wie hier, als außergewöhnlicher Essig, der perfekt zum Würzen von Chutneys oder Salaten geeignet ist.

1 Die Birnen waschen, trocken tupfen, vierteln, das Kerngehäuse und den Stiel entfernen. In Spalten schneiden.

2 Die Birnenspalten in sterile Weckgläser geben, die Zimtstangen halbieren und in jedes Glas eine halbe Zimtstange geben.

3 Die Gläser randvoll mit dem Apfelessig auffüllen und fest verschließen.

4 2 Wochen an einem trockenen, kühlen Ort lagern. Danach den Essig durch ein Sieb filtern und wieder in sterile Gläser oder Flaschen umfüllen.

Deko-Idee:
Diesen Essig kann man wunderbar kurz vor dem Ende der 2 Wochen Ziehzeit verschenken. Dann einfach eine passende leere Flasche dazuschenken, ein kleines Metallsieb und einen Strohhalm daran binden und eine kleine Zubereitungserklärung mit daran hängen.

birnenzimtessig

FRUCHTIGER
SOMMER
SALAT
für DICH

Heidelbeeressig mit Kardamom

Ein fruchtiger Essig zu Fleisch & Salaten

Der Essig passt zu Salaten, zu Sauerbraten, er eignet sich zum Abschmecken von Rotkohl, für süßsaure Marinaden für Grillfleisch oder sogar zum Einlegen von Zwetschgen und anderen Früchten.

1 Die Heidelbeeren waschen und verlesen. Die Beeren mit einer Gabel zerdrücken.

2 Die Beeren in ein verschließbares Glasgefäß füllen, die Kardamomkapseln dazugeben und den Essig darübergießen.

3 An einem kühlen, dunklen Ort drei Tage ziehen lassen und ab und zu schütteln.

4 Durch ein Sieb in einen kleinen Topf abgießen, die Heidelbeeren entsorgen und den Essig in einem kleinen Topf kurz aufkochen.

5 Einen Trichter mit einem Kaffeefilter bestücken und den Essig durch den Trichter in sterile Flaschen abfüllen.

Deko-Idee:
Einen Korb mit Salaten und Blaubeeren aus dem Garten füllen. Einige dazu passende Kräuter sammeln, zusammenbinden und an den Essig binden. Den Essig mit in den Korb legen und ein Schild anbringen, wie zum Beispiel »Fruchtiger Sommer-Salatkorb für dich«.

Zutaten

4 Flaschen à 250 ml

300 g Heidelbeeren

6–8 Kapseln grüner Kardamom

750 ml Weißweinessig

Material zum Verpacken

Flaschen, Holzkörbchen, Kräuter/Salat, Geschenkanhänger, Dekogarn

Holunder-Balsamicoessig

Ein fruchtiger Essig für herbe Salate

Zutaten

ca. 1 l

600 ml Balsamicoessig, dunkel

300 g Zucker

Piment

Nelken

½ Zimtstange

500 g Holunderbeeren

Material zum Verpacken

Flaschen, Alufolie, Dekogarn in grün-weiß und rot-weiß, italienische Papierflagge

Die Verwendung von Holunder hat in den letzten Jahren stark zugenommen. Dieser Essig gibt kräftigen Salaten (Feldsalat, Radicchio) eine angenehm fruchtige Note.

1 Den Balsamico in einen größeren Topf füllen und den Zucker unterrühren. Erhitzen und so lange köcheln lassen, bis sich der ganze Zucker gelöst hat.

2 Etwas Piment, 2 bis 3 Nelken und eine halbe, zerbröselte Zimtstange in einen selbst befüllbaren Teebeutel packen und mit zum Balsamico geben. 5 Minuten köcheln lassen.

3 Die Holunderbeeren dazugeben und weitere 10 Minuten köcheln lassen, bis alle Beeren aufgeplatzt sind. Abkühlen lassen, Gewürzbeutel entfernen und durch ein Mulltuch absieben. In Flaschen füllen und dunkel und kühl lagern.

Deko-Idee:
Flaschen eng mit Alufolie umwickeln, dann mit Bändern in italienischen Farben. Eine italienische Flagge mit anbinden. Wenn ihr keine findet, dann einfach ein Papier ausschneiden und entsprechend bemalen.

Holunder Balsamico Essig

Saisonkalender für heimisches Obst

Hier findet ihr eine kleine Übersicht darüber, welche heimischen Obstsorten zu welcher Zeit Saison haben. So könnt ihr besser planen, wann ihr welche Obstsorten einmachen müsst, da deren Saison langsam zu Ende geht, oder ihr könnt besser erkennen, wann euer liebstes Obst wieder im Garten wächst und gepflückt werden kann.

Exotische Früchte stehen nicht in dem Kalender, da sie ganz anderen Zyklen unterworfen sind. Dafür hat sich ein Gemüse hineingeschummelt. Findet ihr es? Gemeint ist natürlich der Rhabarber. Er ist zwar botanisch gesehen ein Gemüse; wird aber meist wie Obst zubereitet – in Kuchen, Marmeladen und Kompott.

Sorte	JAN	FEB	MÄR	APR	MAI	JUN	JUL	AUG	SEP	OKT	NOV	DEZ
Apfel								■	■	■	■	■
Aprikose						■	■	■				
Birne							■	■	■	■	■	
Brombeere							■	■	■			
Erdbeere					■	■						
Heidelbeere							■	■	■			
Himbeere						■	■					
Johannisbeere, rot						■	■	■				
Johannisbeere, schwarz							■	■				
Mirabelle							■	■				
Nektarine							■	■	■			
Rhabarber					■	■	■					
Sauerkirsche							■	■				
Stachelbeere						■	■	■				
Süßkirsche							■	■				
Weintraube									■	■	■	
Zwetsche							■	■	■	■		

Obstverzeichnis

Rezeptverzeichnis

Nützliche Adressen

In diesem Abschnitt habe ich einige Internetseiten aufgelistet, die beim Kauf von Dekomaterial, wie zum Beispiel Stempeln, Gläsern und Garn, weiterhelfen können.

Tipps für Dekomaterial

Die Schönhaberei
Angela Huttner
Frieda-Forster-Str. 52
86399 Bobingen
www.schoenhaberei.de
(Dekoartikel rund ums Backen und Verpacken)

Small Treasures
Werwershoofer Str. 26
51647 Gummersbach
www.smalltreasures.de
(Stempel, Papiertüten, Maskingtape, Aufkleber & Dekogarn)

bastisRIKE
c/o Henrike Schoen
Kellerswiese 8
53721 Siegburg
www.bastisrike.de
(wunderschöne, handgefertigte Stempel)

Casa di Falcone®
Martin Falcone
Hilsmannweg 23b
59755 Arnsberg
www.casa-di-falcone.de
(personalisierbare Stempel, Aufkleber, Verpackungsmaterial und Holzbesteck)

Weststyle GmbH
Robert-Bosch-Str. 18
63584 Gründau
www.geliebtes-zuhause.de
(Dekomaterial und tolle Gläser)

Blueboxtree GmbH
Mauerkircherstr. 8
81679 München
www.blueboxtree.de
(Muffinförmchen und Dekomaterial)

Tolle Backzutaten findet ihr hier

Belz & Eirich GbR
Dominikanergasse 8
97070 Würzburg
www.sweetest-choice.de
(leckere, hochwertige Backzutaten)

Hobbybäcker-Versand
Am Mühlholz 6
89287 Bellenberg
www.hobbybaecker.de
(alles, was man zum Backen und Verzieren braucht)

Eine kleine Liste mit tollen Foodblogs

www.backbube.com
Dies ist mein eigener Blog, auf dem ihr viele weitere leckere Rezepte aus dem Bereich Backen und Einkochen mit Obst, aber auch aus diversen anderen Bereichen zur Inspiration finden könnt.

www.zuckerzimtundliebe.wordpress.com
www.klitzeklein.wordpress.com
www.imbackwahn.com
www.meinlykkelig.blogspot.de

Dank

Unser Dank gilt der Firma Südzucker, die freundlicherweise ihre Produkte für das Fotoshooting zur Verfügung gestellt hat.

SÜDZUCKER
Zucker zum Zaubern.

Über den Autor

Markus Hummel schreibt seit März 2012 den Blog www.backbube.com, auf dem er wöchentlich vieles rund ums Thema Backen veröffentlicht. Die Rezepte backt er alle selbst, arrangiert die Ergebnisse liebevoll und fotografiert sie anschließend. Das Backen, das als Hobby anfing, ist mittlerweile zu seiner Leidenschaft geworden. Wenn er mal nicht backt oder bloggt, arbeitet er in seinem Beruf als Schauspieler beim »Theater an der Donau« in Ulm.

Über die Fotografin

Frauke Antholz ist seit 11 Jahren als selbstständige Fotografin im Bereich Editorial – Food und Stills tätig. Als leidenschaftliche Köchin steht sie auch gern selbst in der Küche – kocht, stylt und bastelt, sucht und sammelt die passenden Requisiten, bis dann endlich mit viel Liebe zum Detail fotografiert wird. Die Kielerin arbeitet für Verlage und Redaktionen und ihre Fotos erscheinen regelmäßig in Magazinen rund ums Kochen und Genießen.

Impressum

Bibliografische Information der Deutschen Nationalbibliothek

Die Deutsche Nationalbibliothek verzeichnet diese Publikation in der Deutschen Nationalbibliografie; detaillierte bibliografische Daten sind im Internet über http://dnb.d-nb.de abrufbar.

BLV Buchverlag
GmbH & Co. KG

80797 München

© 2014 BLV Buchverlag GmbH & Co. KG, München

Bildnachweis
Alle Fotos: Frauke Antholz

Umschlagkonzeption: Kochan & Partner, München
Umschlagfotos: Frauke Antholz

Lektorat: Janina Beckmann
Herstellung: Angelika Tröger
Layoutkonzept: griesbeck design, Dorothee Griesbeck, München
Layout und DTP: Anton Walter, Gundelfingen

Gedruckt auf chlorfrei gebleichtem Papier
Printed in Germany

ISBN 978-3-8354-1221-7

Hinweis
Das vorliegende Buch wurde sorgfältig erarbeitet. Dennoch erfolgen alle Angaben ohne Gewähr. Weder Autor noch Verlag können für eventuelle Nachteile oder Schäden, die aus den im Buch vorgestellten Informationen resultieren, eine Haftung übernehmen.

Ein persönlicher Gruß aus dem Garten

Claudia Költringer
Geschenke aus dem Garten
Kulinarische Geschenke: Marmeladen, Tees, Liköre, Süßigkeiten, Gewürz-
mischungen und mehr · Duftende Kreationen für die Schönheit – z.B. pfle-
gende Öle, Blütenseifen und Badezusätze · Die wichtigsten Gartenkräuter in
Kurzporträts und ihre Verwendung für die Geschenkideen · Viele Tipps und
Kniffe für dekorative Verpackungen.
ISBN 978-3-8354-1107-4